Vertrauen ist gut, Betriebsrat ist besser

STUDIEN UND BERICHTE

Vertrauen ist gut, Betriebsrat ist besser

Fragen und Antworten
zur Mitbestimmung

50 Jahre SOZAK

KARL WEIGL
BILDUNGSHAUS

ÖGBverlag

Anlässlich 50 Jahre Sozialakademie wurde das 4. Franz-Senghofer-Symposium (6./7. Dezember 1999, veranstaltet im Karl-Weigl-Bildungshaus der AK-Wien) redaktionell aufbereitet und in vorliegender Publikation der Öffentlichkeit zugänglich gemacht.

Gedruckt auf chlorfrei gebleichtem Papier

Umschlaggestaltung: Gerhard Peischl,
unter Verwendung eines Dias von Stone, Wien

Redaktion und Bearbeitung: MMag. Franko Petri

Medieninhaber: Verlag des ÖGB GmbH, Wien

Satz und Layout: Bergler, Wien
Druck: Elbemühl Druck und Verlag GmbH & Co KG
Hersteller: Verlag des ÖGB GmbH, Wien
Printed in Austria

ISBN 3-7035-0800-0

Inhalt

Redaktionelle Vorbemerkung

Das vorliegende Buch beruht auf den Abschriften der Tonbandmitschnitte, die während des Symposiums angefertigt wurden. Alle Redebeiträge wurden von der Redaktion bearbeitet, von den Podiumsteilnehmerinnen und -teilnehmern nochmals gesichtet, korrigiert und zum Teil mit wertvollen neuen Aspekten sowie weiteren erklärenden Inhalten versehen. Manche Redebeiträge wurden vollständig überarbeitet und in eine schriftliche Fassung transformiert. Dafür sei den Rednerinnen und Rednern herzlichst für ihre Mitarbeit gedankt. Besonderer Dank gebührt auch Frau *Mag. Ingrid Autengruber* für die Übernahme der Transkriptionen.

Die Redaktion versuchte bei der Überarbeitung der Beiträge, die Lebendigkeit des gesprochenen Wortes zu erhalten und gleichzeitig Redundanzen und sprachliche Unschärfen zu beseitigen. Die Leserinnen und Leser mögen beurteilen, ob dies gelungen ist.

In der Abfolge der Redebeiträge wurde darauf Bedacht genommen, die chronologische Reihenfolge der Beiträge nicht zu verändern. Fragestellungen aus dem Publikum wurden z. T. weggelassen, wenn es sich lediglich um Verständnis- oder Detailfragen handelte, z. T. wurden die Inhalte der Fragen in die Antworten der Rednerinnen und Redner am Podium integriert.

Die Publikation wurde weiters mit einem themenbezogenen Literaturverzeichnis versehen, das eine weiterführende Vertiefung in die Materie ermöglichen soll. Eine Liste der Rednerinnen und Redner soll es Interessenten über das Symposium und über diese Publikation hinaus ermöglichen, mit den Podiumsteilnehmer(inne)n in Kontakt zu treten, um Erfahrungen auszutauschen, neue Ansätze zu diskutieren und neue Strategien für eine verstärkte Mitbestimmung in Österreich und Europa zu entwickeln. Wenn dies geschieht, hat dieses Buch seinen Sinn erfüllt.

Franko Petri

Vorwort

„Geh' doch zum Betriebsrat." Oft die erste Reaktion, wenn es in einem Betrieb Missstände gibt oder wenn sich ArbeitnehmerInnen persönlich benachteiligt fühlen. Mehr als 50.000 BetriebsrätInnen, PersonalvertreterInnen und JugendvertrauensrätInnen gibt es in den österreichischen Betrieben. Sie leisten täglich eine oft unbedankte Arbeit und sind praktisch rund um die Uhr für die Beschäftigten im Einsatz. Für moderne Unternehmer sind BetriebsrätInnen ein unverzichtbarer Gesprächs- und Verhandlungspartner – unvernünftigen jedoch oft ein Dorn im Auge.

Die betriebliche ArbeitnehmerInnen-Mitbestimmung gehört zu den von den Gewerkschaften geschaffenen Grundpfeilern unserer Demokratie und ist Teil der Sozialpartnerschaft, die untrennbar mit dem wirtschaftlichen Aufstieg unseres Landes verbunden ist. Dank der Initiative des Europäischen Gewerkschaftsbundes wurde erst vor wenigen Jahren der sogenannte Euro-Betriebsrat geschaffen, und damit gibt es erstmals auch einen Ansatz einer betrieblichen Mitbestimmung über Landesgrenzen hinweg.

BetriebsrätInnen sind aber auch die Voraussetzung für die überbetriebliche Mitbestimmung durch die Gewerkschaften, den ÖGB und die Arbeiterkammern. Erst durch ihr Zusammenwirken haben ArbeitnehmerInnen auch wirklich eine laute und durchsetzungsstarke Stimme. Es ist daher auch nicht verwunderlich, dass im Zeitalter der Aktienhaie – auch Shareholder Value genannt – und der Hochblüte neoliberaler Wirtschaftskonzepte BetriebsrätInnen, Gewerkschaften und Arbeiterkammern im Mittelpunkt der Angriffe seitens neoliberaler und konservativer Politiker stehen.

Aber nicht nur die politische Entwicklung verändert die Arbeit der BetriebsrätInnen. Durch die rasante technologische Veränderung der Arbeitswelt, durch die so genannte Globalisierung und durch neue Managementmethoden stehen die BetriebsrätInnen vor enormen Herausforderungen. Ob es nun der Versuch der Unternehmer ist, etwa durch atypische Arbeitsverhältnisse oft hart erkämpfte soziale Rechte zu umgehen, oder der Deregulierungs- und Privatisierungskurs der Politik, die Beschäftigten erwarten sich von ihren BetriebsrätInnen und der Gewerkschaft, dass ihre Rechte verteidigt und ihre Anliegen durchgesetzt werden. Keine leichte Aufgabe, vor allem in einer Zeit, die sich am Individualismus orientiert und in der Einzelkämpfertum besonders groß geschrieben wird.

Es ist aber auch eine Herausforderung für die Gewerkschaften, dass das Engagement der BetriebsrätInnen entsprechend unterstützt wird. Ob es nun die Beratung in oft recht komplizierten rechtlichen Fragen, die Unterstützung bei Verhandlungen mit der Unternehmensleitung oder ganz einfach eine gut aufbereitete Information zur Weitergabe an die Kolleginnen und Kollegen im Betrieb ist, die Gewerkschaften müssen hier immer gemeinsam mit den Arbeiterkammern zur Stelle sein.

Nicht zu vergessen ist, dass die Arbeit der BetriebsrätInnen auch einer ständigen Aus- und Weiterbildung bedarf. Keine der vielfältigen Entscheidungen darf heute einfach „so aus dem Bauch" getroffen werden. In vielen Fällen geht es dabei um die Existenz einzelner ArbeitnehmerInnen und ihrer Angehörigen. Oft genug wirkt sich der Erfolg der BetriebsrätInnen auch auf die wirtschaftliche und soziale Entwicklung sowie das kulturelle Leben in einer Gemeinde aus.

Das vorliegende Werk liefert einen Einblick in die tägliche Arbeit der BetriebsrätInnen und deren Probleme. Die Beiträge der KollegInnen aus Deutschland zeigen, dass auch in unserem Nachbarland ähnliche Entwicklungen zu beobachten sind.

Der Band beschränkt sich jedoch nicht nur darauf, die Probleme zu benennen und aufzuzeigen, sondern in den Referaten und Diskussionsbeiträgen finden sich auch wertvolle Anregungen für die Praxis der Betriebsratsarbeit und viele interessante Denkanstöße für GewerkschaftsfunktionärInnen und -sekretärInnen.

Das Thema dieses vierten Franz-Senghofer-Symposiums „Vertrauen ist gut, Betriebsrat ist besser" berührt Herz und Verstand all jener, die sich mit betrieblicher und überbetrieblicher Mitbestimmung beschäftigen. Ich begrüße daher, dass die Diskussionsinhalte nun auch in schriftlicher Form vorliegen.

Wien, im Mai 2000

Fritz Verzetnitsch
Präsident des ÖGB

Begrüßung

Franz-Josef Lackinger

Ich begrüße Sie sehr herzlich zum 4. Franz-Senghofer-Symposium unter dem Titel „Vertrauen ist gut, Betriebsrat ist besser". Ich möchte eingangs für all jene, die nicht wissen, wer Franz Senghofer war, kurz sagen: *Franz Senghofer* war von 1946 bis 1971 Bildungsreferent des ÖGB. Mit seinem Namen sind sehr viele Einrichtungen, die uns heute selbstverständlich sind, wie zum Beispiel die Gewerkschaftsschule oder auch die ÖGB-Kartenstelle im Kulturbereich bis hin zu den Feriendörfern des Sozialtourismus, verbunden. All diese Dinge wurden von ihm initiiert und sind von ihm mit anderen Kolleginnen und Kollegen eingeführt worden, und er gilt als der große Mentor der gewerkschaftlichen Bildungsarbeit in Österreich. Wir haben uns 1994 entschlossen, anlässlich seines 90. Geburtstages diese Einrichtung zu schaffen und in unregelmäßigem Abstand zu wichtigen Themen Symposien in seinem Namen und in seinem Geiste zu veranstalten. In der Zwischenzeit ist Kollege Senghofer leider verstorben, aber es freut uns alle ganz besonders, dass seine Witwe, *Grete Senghofer,* heute anwesend ist.

Es gibt noch einen zweiten Anlass, warum wir uns ausgerechnet zu diesem vielleicht etwas ungewöhnlichen Datum hier eingefunden haben, und zwar das Jubiläum „50 Jahre Sozialakademie". Am 26. November 1949 wurde der erste Jahrgang der Sozialakademie – damals noch in Neuwaldegg im ehemaligen ÖGB-Bildungszentrum – eröffnet. Heuer ist der 50. Jahrgang. Es werden natürlich das ganze Jahr über auch Gedenkveranstaltungen stattfinden, und zur Eröffnung passt es sehr gut, wenn wir mit einem Thema beginnen, das ja immer auch im Zentrum dieser Einrichtung der Sozialakademie gestanden ist, nämlich Mitbestimmung mit Leben zu erfüllen, Kolleginnen und Kollegen auf höchstem Niveau auszubilden, damit sie in den Betrieben Mitbestimmung nicht nur auf dem Papier, sondern in der Praxis gestalten können. Dass das damals möglich war, war weit blickenden Männern, wie zum Beispiel *Karl Weigl,* dem ersten Direktor der Wiener Arbeiterkammer nach dem Krieg, zu verdanken, dem ja auch dieses Haus gewidmet ist. Ich darf aus diesem Anlass sehr herzlich seinen indirekten Nachfolger begrüßen, den jetzigen Präsidenten der Arbeiterkammer *Herbert Tumpel.*

Kolleginnen und Kollegen, wir sind natürlich aufgerufen, Probleme aufzuzeigen, die es in der letzten Zeit in der Frage der Mitbestimmung gibt. Ich möchte trotzdem etwas Positives an den Beginn stellen: Wir haben erst vor kurzem im ÖGB Umfragen gemacht, die uns gezeigt haben, dass zwei Drittel der Beschäftigten in Betrieben, in denen es einen Betriebsrat gibt, mit der Arbeit des Betriebsrates zufrieden sind. Ich glaube, das ist ein Ergebnis, das nur wenige Einrichtungen in Österreich vorweisen können. Die Österreicher sind ja nicht so leicht zufrieden zu stellen, daher sollte man das eigentlich doppelt und dreifach erwähnen. Drei Viertel aller Beschäftigten glauben sogar, dass Betriebsräte in einem Betrieb zu einem positiven und besseren Betriebsklima beitragen. Natürlich sind diese Lorbeeren, die die Beschäftigten da an die Betriebsräte verteilen, schön, aber wir wissen auch, dass wir uns nicht darauf ausruhen dürfen. Denn solche Werte und solche Zustimmung beeindrucken offenbar jene nicht, die nur eines wollen: nämlich Arbeitnehmerrechte abbauen, um auf der anderen Seite Gewinninteressen ungezügelt und ungehemmt zum Durchbruch zu verhelfen. Es ist, und das ist die Erkenntnis, die wir seit einigen Jahren leider gewinnen müssen, offenbar chic geworden, es liegt im Zeitgeist am Ende unseres Jahrhunderts, Arbeitnehmerrechte zu kritisieren, alles das, was Generationen von Gewerkschafterinnen und Gewerkschaftern, nicht zuletzt jene Gewerkschafter, die auch in diesem Haus ausgebildet worden sind, erreicht haben. Seien es nun flächendeckende Kollektivverträge, sei es der soziale Schutz im Rahmen der Sozialversicherung, Arbeitnehmerschutz – ich könnte die Liste unendlich fortsetzen.

Und es ist besonders chic geworden und es liegt besonders im Zeitgeist, vor allem die Einrichtungen der Arbeiterbewegung zu kritisieren und letztlich ihre Auflösung zu verlangen. Wenn wir die letzten zehn Jahre Revue passieren lassen, dann waren es zuerst die Arbeiterkammern, die im Zentrum der Kritik gestanden sind. Dann ist man zum ÖGB übergegangen – das hat ja bis hin zu einer Gegengründung geführt, die glücklicherweise bis zum heutigen Tage ein Mauerblümchendasein führt, und seit einiger Zeit merken wir, dass auch die Betriebsräte, die Institution des Betriebsrates, die Institution der Arbeitnehmervertretung im Betrieb ganz massiv unter Beschuss gekommen ist. Wir wollen uns aus diesem Anlass mit der Frage der Mitbestimmung beschäftigen. Natürlich war auch die Diskussion im heurigen Sommer eine wesentliche Anregung für die Idee dieses Symposiums. Wir wollen uns einerseits mit den bestehenden

Problemen beschäftigen, und wir haben einige Beispiele im Programm, die einem die Haare zu Berge stehen lassen, was es alles in unserer Republik an wirklich direkter Verfolgung von Betriebsrätinnen und Betriebsräten gibt. Wir wollen aber nicht nur über Probleme und über zwei für uns etwas eigenartige Abstimmungen diskutieren, die es heuer in zwei Betrieben aus dem Magna-Konzern gegeben hat. Sondern wir wollen auch über Erfolge sprechen, die es zum Beispiel genau in demselben Konzern gegeben hat. Mittlerweile haben dort auch mehrere Betriebsratswahlen stattgefunden. Die Wahlbeteiligung war sehr hoch und jene Betriebsratsfraktion, die eindeutig und klar eine Zusammenarbeit mit der Gewerkschaft unterstützt, konnte einen sehr großen Erfolg verbuchen.

Das heißt also, es geht aus Sicht der Bildungsarbeit bei diesem Symposion darum, deutlich aufzuzeigen, warum gerade die Zusammenarbeit von betrieblicher und überbetrieblicher Interessenvertretung wichtig ist. Zweitens natürlich auch darum, was ein Betriebsrat den Beschäftigten bringt und umgekehrt auch, wie es in Betrieben aussieht, in denen es keinen Betriebsrat gibt. Und drittens geht es natürlich auch darum, über die Weiterentwicklung des Systems der Mitbestimmung zu diskutieren. Wir bieten die Möglichkeit zum Zuhören, wir bieten wie immer natürlich auch die Möglichkeit zur Diskussion, und sollten aus diesem Symposium auch Anregungen für die politische Arbeit und Gedanken für unsere politische Weiterentwicklung hervorgehen, dann ist das sicherlich von Nutzen, weil wir auch das als Bildungsarbeit sehen.

Am Schluss möchte ich in erster Linie dem Kollegen *Gerald Wintersberger* von der AK, dem Kollegen *Wolfgang Greif* und der Kollegin *Kriechmayr* von meinem Referat danken, die die programmatische und organisatorische Vorbereitung durchgeführt haben, und wir bedanken uns auch bei *Arthur Ficzko* und seinem ganzen Haus. Zuletzt bedanke ich mich auch bei den Referenten, Referentinnen und Experten, die uns in diesen beiden Tagen zur Verfügung stehen.

„Die Drei“: Betriebsrat, Gewerkschaft und Arbeiterkammer – eine bewährte Partnerschaft

Herbert Tumpel

Liebe Kolleginnen und Kollegen, zum Thema „Die drei wichtigsten institutionellen Vertretungen der Arbeitnehmer in Österreich“ möchte ich einige Bemerkungen über den aktuellen Stand und die aktuelle Situation einbringen. Die Zeiten sind zweifelsohne vorbei, wo alle Betriebsrätinnen und Betriebsräte oder Betriebsfunktionäre und Vertrauensleute über das Wirken der Gewerkschaften – doch da noch in einem höheren Ausmaß – oder über das Zusammenspiel mit den Arbeiterkammern ganz selbstverständlich Bescheid wussten.

Seitdem ich diese Funktion übernommen habe, gehe ich in die Betriebe hinaus. Dort erlebe ich oft, wenn ich mit der gesamten Betriebsratskörperschaft zusammenkomme, dass ich mit Fragen zur gesetzlichen Interessenvertretung – zur Arbeiterkammer – konfrontiert bin, die auf den ersten Blick überraschen. So kam ich einmal zu einer erfolgreichen Betriebsratskörperschaft, wurde dort begrüßt, und der Vorsitzende fragte mich, wozu es die Arbeiterkammern eigentlich gibt. Im ersten Moment habe ich mir gedacht, dass er nur Spaß macht; aber zum Glück habe ich das nicht ausgesprochen, sondern ihn gefragt, ob ich denn ein kurzes Referat halten soll. Und er bat mich um eine Rede. Ich habe also aus dem Stand ein kurzes Referat gehalten, was unsere Tätigkeit als Arbeiterkammer ausmacht. Das zeigt schon, dass wir nach wie vor ein Defizit und unter Umständen sogar ein steigendes Defizit bei denjenigen haben, die sich nicht so sehr für dieses Zusammenwirken interessieren, und dass man sehr wohl aufzeigen muss, warum es diese drei Institutionen gibt und wie sie arbeiten. Die Arbeit der Betriebsräte muss man in den Betrieben, wo Betriebsratskörperschaften aktiv sind, am wenigsten erklären. Die Tätigkeiten der Gewerkschaft muss man aber oft beschreiben, aber auch die der gesetzlichen Interessenvertretung, der Arbeiterkammern.

Tatsache ist, dass wir mit Ausnahme der Gewerkschaften, die eine längere geschichtliche Tradition haben, heuer bei den Betriebsräten ein 80-jähriges Bestehen feiern. 1919 wurde das Betriebsrätegesetz verabschiedet und damit wurde die gesetzliche Basis für die Errichtung der Arbeiterkammern 1920 geschaffen. Das Betriebsrätegesetz wurde dann in der 2. Republik 1947 weiterentwickelt. Eine erste Neuregelung des Betriebsrätegesetzes erfolgte 1973 durch das wichtige Arbeitsverfassungsgesetz, und 1995 erreichten wir wiederum eine Modifikation des ArbVG – vor allem für die Tätigkeit in grenzüberschreitenden Unternehmungen.

Das Zusammenspiel der Institutionen für die ganze Breite der Interessen der Arbeitnehmer und Arbeitnehmerinnen im Betrieb hat sich in der Vergangenheit sehr bewährt. Bei der Zusammenarbeit der Betriebsrätinnen und Betriebsräte mit den Gewerkschaften sind die wichtigsten Themen die Lohnpolitik, die Arbeitszeitpolitik und die Mitwirkungsmöglichkeiten der Betriebsräte bei der Arbeitsgestaltung. Das sind meiner Meinung nach die wesentlichsten Aufgabenstellungen. Die Arbeiterkammer versucht zum einen, die Lohnpolitik der Gewerkschaften abzustützen, indem wir in der Konsumentenpolitik darauf achten, dass die Leute für ihren Lohn auch dementsprechend qualitativ hochwertige Produkte und Dienstleistungen erhalten. Zum anderen nehmen wir als Arbeiterkammern gegenüber der Regierung und gegenüber der öffentlichen Verwaltung eine Vielzahl von anderen Tätigkeiten wahr, z. B. im Rahmen der Sozialversicherung, der Laiengerichtsbarkeit, also in Institutionen, die ebenfalls von der Arbeitnehmerbewegung geschaffen worden sind, und haben sie dementsprechend zu beschicken und zu betreuen. Und das geht wirklich seit jeher immer sehr organisch und vernünftig Hand in Hand.

Wir erfahren aber seit einiger Zeit durch den neoliberalen Einfluss auf Politik, Gesellschaftspolitik, Sozial- und Wirtschaftspolitik, dass wir mit systematischen Angriffen auf jeweils eine der drei Organisationen oder auf alle drei gleichzeitig leben müssen. Und mein aktueller Befund um diese Diskussion stellt sich ganz klar in diesem Lichte dar.

Wenn man sich die Diskussion ansieht, die jetzt um die Wirtschaftskammer geführt wird, dann ist das für mich nicht eine Diskussion, die um die Person des derzeit noch amtierenden Präsidenten Maderthaner geführt wird (die Rede wurde im Dezember 1999 gehalten, Anm. d. Red.), sondern sie geht viel tiefer. Sie geht nämlich in die Richtung, dass eine sehr einflussreiche Gruppe in der Industriellenvereinigung schon seit einigen Jahren immer wieder versucht, einer Vorstellung Durchbruch zu verschaffen, die folgenden Tenor hat: weg mit dem Gewerkschaftseinfluss, weg mit dem Einfluss der gesetzlichen Interessenvertretungen, und wenn wir uns schon etwas regeln müssen, dann einzig und allein auf der betrieblichen Ebene. Das ist eine Zielsetzung, die mehr oder weniger – und das macht es uns in der Diskussion zum Teil so schwierig – offen ausgesprochen wird. Denn es werden Argumente vorgeschoben, die scheinbar vernünftig und modern, der heutigen wirtschaftlichen Anforderung entsprechend, dargestellt und auch von der veröffentlichten Meinung immer wieder so aufgegriffen werden.

Erinnern wir uns an das Schlagwort „Österreich, die Insel der Seligen". Dieses Schlagwort war damals noch durch eine volle Akzeptanz der sozialpartnerschaftlichen Tätigkeit gekennzeichnet und das Zusammenwirken aller drei Organisationen auf unserer Seite mit unserem Visavis war im politischen System noch absolut akzeptiert. Die einzigen kritischen Ansatzpunkte sind damals von der so genannten linken Seite gekommen, wo immer gesagt worden ist, es sei zu wenig, was wir erreichen, wir müssten kampfeslustiger sein und noch mehr herausholen, die Gesamtgesellschaft stärker in Frage stellen und nicht nur ein kooperatives Modell suchen.

Diese Zeit ist zum einen durch die tatsächlichen Entwicklungen abgelöst worden. Diese Entwicklungen haben sich ergeben und sind im Prinzip ja nichts Schlechtes, sondern eine Basis zur Weiterentwicklung einer stärkeren Verflechtung auf der europäischen Ebene. Und so war es nur logisch und konsequent, dass auch wir in Österreich Diskussionen zum Beitritt zum Europäischen Wirtschaftsraum und zum Beitritt zur Europäischen Union geführt haben, und wir haben als Organisationen – sowohl Arbeiterkammern wie ÖGB – für diesen Beitritt gestimmt. Diese Überlegungen waren richtig, weil sehr viele der relevanten Fragestellungen durch die starke Verflechtung mit den anderen Staaten der Europäischen Union nicht mehr rein auf der österreichischen Ebene zu lösen waren, sondern Ergänzungen auf der europäischen Ebene verlangt haben. Und es beginnt nun eigentlich etwas Interessantes: Wir haben die Europäische Union, wir sind beigetreten, die Europäische Union ist erweitert worden. Und eigentlich hat sich seit damals in fast allen Ländern und damit auch in Österreich die Konsequenz ergeben, dass die öffentliche Diskussion über die politischen Zielsetzungen auf der europäischen Ebene und die notwendigen institutionellen Voraussetzungen für die Wirtschafts-, Sozial- und Gesellschaftspolitik abgebrochen worden sind. Auf einmal war die gesamte Diskussion nur mehr beherrscht von der Idee und der Beschreibung der Globalisierung, und man hat dauernd in der Darstellung versucht, die Welt so zu deuten, als würde sich alles nur mehr auf den so genannten Weltmärkten abspielen. Und dadurch haben wir uns zweifelsohne nicht nur in Österreich, sondern in vielen Ländern von der Notwendigkeit ablenken lassen, stärker als früher auf der europäischen Ebene Mechanismen und Institutionen zu entwickeln, die eben auf der europäischen Ebene richtigerweise ihren Ansatzpunkt gefunden hätten.

Es ist heute noch Tatsache, dass wir über 90 Prozent aller Güter und Dienstleistungen, die wir in den derzeitigen Mitgliedstaaten in Europa erwirtschaften, untereinander handeln. Das heißt, der richtige Ansatzpunkt ist die europäische Ebene. So wichtig der Weltmarkt ist und so wichtig die Probleme, die wir anlässlich der gescheiterten WTO-Welthandelskonferenz ansprechen – es ist immer noch ein vergleichsweise geringer Handelsanteil, den zum Beispiel Österreich in seiner Gesamtheit mit anderen Kontinenten oder mit anderen Ländern außerhalb der Europäischen Union führt. Das heißt, Europa ist die Bestimmungsgröße, die einzige Bestimmungsgröße in der realen Wirtschaft, und real bedeutet in der Güterproduktion die Bereitstellung von Dienstleistungen. In der realen Wirtschaft in Europa trifft Globalisierung zweifelsohne nicht so zu, wie es uns immer über die Medien vermittelt wird.

Wo die Globalisierung tatsächlich einen entscheidenden Faktor ausmacht, ist zweifelsohne der Sektor des Finanzkapitals. Hier haben wir es tatsächlich mit einer Globalisierung in einem ungeheuren Ausmaß zu tun, und von dort geht auch in Wirklichkeit eine viel stärkere Gefahr aus. So wichtig und richtig auch die Forderungen nach Spielregeln für den Welthandel mit realen Gütern sind – und das war ja letztendlich auch mit ein Grund des Scheiterns der WTO –, für gefährlicher halte ich jetzt eine Entwicklung, die nach wie vor zu wenig diskutiert wird, nämlich den ungeheuren Terror, der von den Finanzmärkten ausgeht. Den ungeheuren Renditendruck gepaart mit einer spekulativen Wende, die mir deswegen Angst macht, weil diese Spekulationen nicht das Risiko von Einzelnen sind. Wann immer krisenhafte Erscheinungen an den Börsen in großem Umfang auftreten – und es kommt immer wieder zu solchen Krisen –, hat das Auswirkungen auf die realen Wirtschaftssektoren, auf die Produktion und auf die Dienstleistungserstellung und ist mit ungeheuren Folgen für die jeweilige Gesellschaft verbunden.

Das kann man dort beobachten, wo die Krise zugeschlagen hat wie etwa vor einigen Jahren in Asien, zum Beispiel in Indonesien: Da ist eine riesige Kapitalvernichtung in Gang gesetzt worden, und das war nicht nur Spekulationskapital, sondern hat die gesellschaftliche Basis in diesen Ländern massiv unmittelbar betroffen. Und es war nicht so, dass eben nur irgendwelche virtuellen Werte verloren gegangen wären, sondern es herrscht nach wie vor die Situation, dass dort Fabriken stillstehen. Und wenn eine Fabrik eine Zeit lang stillsteht und nicht produziert, kann man sie nicht mehr so schnell wieder in Betrieb nehmen – also hier sind reale Werte vernichtet worden. Und zwar um den Preis, dass die Betroffenen in diesen Gesellschaften ganz massiv negativ betroffen waren. Die Folge war, dass die Verluste, die eben europäische oder amerikanische Banken eingefahren haben, irgendwo anders eingebracht wurden.

Hier erleben wir nach wie vor einen ungeheuren Gewinndruck, der auch auf den Managern lastet. Und das ist deswegen so problematisch, weil wir, wenn der Gewinndruck sich weiter so fortsetzt, tatsächlich in eine Verteilungssituation kommen, die sich von den früheren Verteilungsmustern unterscheidet. Damit ist die Grundidee gemeint, dass wir uns als Gewerkschaftsbewegung unseren Anteil am Produktivitätsfortschritt herausholen. Dieser Anspruch ist massiv gefährdet, weil hier Kapitaleinkommen eindeutig bevorzugt wird. Und dann kommen wir in eine Verteilungsfrage, die zu Lasten der Arbeitnehmer zu rutschen beginnt. Und das sehe ich als die wirklich langfristig gefährlichste Entwicklung, noch gepaart mit der Situation, dass hier immer wieder Spekulationen in einem Umfang einsetzen, die mit der realen Entwicklung nichts zu tun haben. Heute werden vor allem im Bereich der neuen Telekommunikationsbranche die Aktien zu Kursen gehandelt, die den realen Unternehmenswerten und meines Erachtens auch nicht den zukünftigen Ertragserwartungen dieser Unternehmungen entsprechen. Da werden Werte hinaufgetrieben, wo nichts dahinter steht. In der Vergangenheit war es bei uns immer so, dass Börsennotierungen auf und abmarschierten, aber irgendwo standen immer ein Anlagevermögen, ein Firmen-Know-how oder zukünftige Erträge dahinter. Ich kann mir nicht vorstellen, dass – zum Beispiel, wenn man bedenkt, zu welchem Wert ein Telefonkunde im Handynetz in Europa gehandelt wird – 30.000 bis 40.000 Schilling zahlt man pro Kunden, wenn man eine Firma kauft – dass dies jemals abgedeckt ist durch irgendwelche Werte, wie Computer oder Sendemasten oder die sicher komplizierte und komplexe EDV-Software, die dahinter steckt, sondern das ist reine Spekulation. Das richtet sich, damit man mich nicht missversteht, keinesfalls gegen die Firmen. Aber in meinen Augen ist das auch nicht durch zukünf tige Ertragserwartungen abgedeckt, etwa dass durch die Tarife in Zukunft so viel eingespielt werden kann.

Da bewegen wir uns in eine gefährliche Richtung. Trotzdem läuft man, wenn man dies aufzeigt, ununterbrochen Gefahr, als jemand abgeschrieben zu werden, der die Zeichen der Wirtschaft, die Zeichen der Notwendigkeit der wirtschaftlichen Dynamik nicht erkennt, der von vorgestern ist, der gesellschaftspolitische Ansätze hat, die gescheitert sind, und wird in der öffentlichen Diskussion für dumm gehalten. Dazu kommen systematische Angriffe auf unsere Institutionen, und damit bin ich wieder bei der Diskussion um Maderthaner angelangt.

Zunächst geht es um seine Person – der Vorwurf ist nicht zu verteidigen. Aber es geht um mehr, es geht nicht nur um seine Person, sondern um die Diskreditierung einer Interessenorganisation, die ja eine wichtige Aufgabe hat. Und unabhängig von der Besetzung durch eine Person geht es um das Verhandlungsgegenüber der Gewerkschaften. Wenn man aus der Sicht der Industriellen die Pflichtmitgliedschaft in Zweifel zieht, indem man diese Institution diskreditiert oder in weiterer Folge, wenn dies nicht ganz gelingt, in der Öffentlichkeit die personelle Diskussion und dann die Einnahmendiskussion führt, dann hat das dieselbe Zielrichtung. Und ich denke nicht, dass die Diskussion um die Pflichtmitgliedschaft in der Wirtschaftskammer aufhören wird. Die Zielrichtung ist, das Verhandlungsgegenüber der Gewerkschaften zu zerschlagen, weil die Fachverbände unsere Kollektivvertragspartner sind. Wir können nur flächendeckend abschließen, wenn es auf der Gegenseite auch repräsentative Vertreter zu den Kollektivvertragsverhandlungen gibt. Die Probleme sind überall dort vorhanden, wo wir als Gewerkschafter gar kein organisiertes Gegenüber haben. Das Zerschlagen des organisierten Verhandlungsgegenübers ist die Stoßrichtung.

Erinnern wir uns zum Beispiel an die Flexibilisierungsdiskussion die Arbeitszeit betreffend. Bis vor drei Jahren wurde dies aufs Heftigste, auch vom politischen System, eingefordert. Alle Parteien, inklusive der Sozialdemokratischen Partei, haben in Wirklichkeit massiven Druck auf uns Gewerkschafter gemacht, damit wir der Flexibilisierung zustimmen. Schließlich haben wir dieser Flexibilisierung zugestimmt, jedoch mit einem wichtigen Anker, nämlich der Notwendigkeit einer Einverständniserklärung durch die Gewerkschaften. Das heißt, wir haben versucht, den Druck, der an die betriebliche Ebene in voller Stärke weitergegeben worden ist, abzufangen, indem wir gesagt haben, die Entscheidung ob diese Flexibilisierungsmodelle in Kraft treten oder nicht ist an die Zustimmung der Gewerkschaften gebunden.

Erinnern Sie sich an eine Diskussion, die mich damals sehr empört hat. Da ist jahrelang in der Öffentlichkeit gegen uns eine Kampagne gefahren worden – die Journalisten haben uns geprügelt, weil wir nicht abgeschlossen haben. Schließlich haben wir mit dieser wichtigen Ergänzung abgeschlossen, und dann ist die katholische Kirche aufgetreten und hat gesagt, es sei nun der Sonntag gefährdet. In der ganzen vorhergehenden Diskussion hat sich die Kirche nie zu Wort gemeldet. Erst nach dem Beschluss kamen kritische Stellungnahmen. Erst kommen Angriffe, dann die Kritik von links oder von der „moralischen" Seite, was so einen Abschluss in Wirklichkeit diskreditiert. Hier wird dieses Doppelspiel deutlich – zuerst etwas als unvermeidlich hinzustellen, weil die Weltwirtschaft eben so sei, und nachher kommt dann die große Kritik. Und das setzt sich ununterbrochen fort. Ob das nun die letzten Lohnverhandlungen im Verbund der Metallindustrie mit den Angestellten waren, Zielrichtung ist immer die Zerschlagung des Verhandlungsverbundes. Es gibt immer wieder Versuche, einzelne Bereiche gesondert abzuschließen, wie es in den letzten Jahren häufig aufgetreten ist. Es war immer wieder das Bestreben, den Verhandlungsverbund über die jetzigen Fachverbände zu zerschlagen. Immer wieder die Stoßrichtung Zerschlagen, Aufteilen, und gleichzeitig sollen die jeweiligen Institutionen diskreditiert werden.

Aber die Hauptstoßrichtung dieser Gruppe ist eben, unser Verhandlungsgegenüber zu zerschlagen. Und gleichzeitig kann es nicht dabei bleiben, man greift über die Finanzierungsfrage gleichzeitig die finanzielle Basis der Arbeitnehmerorganisationen an, indem man sagt, die Wirtschaftskammer wäre so ineffizient geführt, dort müssten die Mitgliedsbeiträge massiv abgesenkt werden. In der öffentlichen Diskussion wird dann gesagt, dass auch die Arbeiterkammern mit den Mitgliedsbeiträgen hinuntergehen müssen. Dies in einer Verkennung, dass vielleicht bei der Wirtschaftskammer tatsächlich Einsparungspotenziale vorhanden sind. Bei uns in der Arbeiterkammer weiß ich, dass ein Ansinnen um Reduzierung der Beiträge sofort mit einer Reduzierung unserer Leistungen für unsere Mitglieder oder für unsere Leistungen in Zusammenarbeit mit den Gewerkschaften verbunden wäre, wo wir über Fachausschüsse, über gemeinsame Bildungseinrichtungen etc. natürlich dann nicht mehr diese finanziellen

Mittel aufbringen könnten, die wir jetzt aufbringen. Das bedeutet wieder eine Schwächung auf der organisierten Seite der Arbeitnehmer. Eine Schwächung, die unter dem Gesichtspunkt besonders bemerkenswert ist, dass wir zwei Institutionen haben: die Gewerkschaften und die Arbeiterkammern. Auf der gegenüberliegenden Seite Wirtschaftskammern, die insgesamt ein mehr als doppelt so hohes Einnahmenvolumen haben wie alle Arbeiterkammern in Österreich zusammen – nämlich mehr als sieben Milliarden Schilling Mitgliedsbeiträge und neun Milliarden Schilling insgesamt an Einnahmen. Die Arbeiterkammern haben Einnahmen in der Höhe von dreieinhalb Milliarden Schilling an Mitgliedsbeiträgen, und das für zweieinhalb Millionen Mitglieder, die Wirtschaftskammer hat nur dreihunderttausend Mitglieder. Hinter der Wirtschaftskammer steht die Industriellenvereinigung. Die Industriellenvereinigung, die natürlich von den großen Unternehmungen und einer Vielzahl von Unternehmungen gespeist wird, deren finanzielle Durchsichtigkeit nicht einmal mir klar ist, legt der Öffentlichkeit überhaupt keine Rechenschaft ab, was mit den Geldmitteln passiert – vom ÖGB fordert man dies ununterbrochen ein, siehe Stronachs Aufforderung: „Die Gewerkschaft muss alles offen legen." Als ob ihn dies etwas angehen würde. Sie legt ja ohnehin alles offen. Die Industriellenvereinigung sammelt beträchtliche Gelder an und macht damit natürlich Politik. Jetzt könnte man sagen, bei uns sind zwei Organisationen und auf der anderen Seite sind zwei Organisationen. Es gibt ja in Österreich eine Reihe von freien Verbänden und anderen Gruppierungen, die natürlich ebenfalls Politik machen. Der Raiffeisengruppe gehören beträchtliche Teile der österreichischen Medienlandschaft. Und ich sage nicht, dass die Zeitungen und Zeitschriften, die unmittelbar dazugehören, in der tagtäglichen Berichterstattung systematisch gegen uns schreiben, sondern da findet man hie und da auch Gehör. Es werden auch manchmal unsere Stellungnahmen und unsere Kommentare abgedruckt. Nur in einer Auseinandersetzung weiß ich, wie das funktioniert: Dann wird nämlich systematisch gegen uns geschrieben.

Ein Beispiel: Bankenverband, Versicherungsverband, zig freie Verbände, was haben die für einen Sinn? – Natürlich Geld aufzustellen, um mit diesem Geld Politik zu machen. Und das steht alles überhaupt nicht zur Diskussion, wenn wir über die Pflichtmitgliedschaft sowohl zur Wirtschaftskammer wie über die Pflichtmitgliedschaft zur Arbeiterkammer diskutieren. Das wird unter den Tisch gekehrt, das ist Angelegenheit der einzelnen Firmen. Dass das sehr wohl Kostenpositionen sind, die letztendlich auch der Konsument über die Preise überwälzt bekommt, das ist Firmenentscheidung, das geht niemanden etwas an. Dass mit dem Geld Politik gemacht wird, muss uns voll und ganz bewusst sein. Vor diesem Hintergrund, nämlich der Zerschlagung der Sozialpartnerschaft, muss diese Diskussion mitverfolgt werden.

Und genau so sind die Angriffe gegen die Betriebsräte zu deuten. Das sind zweifelsohne keine Einzelfälle. Ich bin seit Anfang der Siebzigerjahre aktiv in diesem Geschäft. Wir haben das immer gehabt, dass es Unternehmer gab, die Betriebsräte bzw. die Gründung von Betriebsräten, massiv behindert haben oder versucht haben, Betriebsräte hinauszuwerfen. Doch nun gibt es eine neue Qualität. Das ist negativ sensationell, wenn in der Pressestunde am Sonntag, wo an sich sonst politische Repräsentanten von Journalisten befragt werden, ebendort dem Herrn Stronach als einzelnem Unternehmer ein Auftritt ermöglicht wird. Das ist noch nie vorgekommen. Noch nie! Er kann dort seine Ideologie vertreten, die eben besagt, Betriebsräte brauchen wir nicht, wir haben ja unsere Vertrauensleute. Eine unhaltbare und indiskutable Ausgangsposition für echte Interessenorganisation und Umsetzung von Aktionen auf der betrieblichen Ebene. Aber er hat den öffentlichen Raum der Darstellung bekommen. Und das ist die neue Qualität der Auseinandersetzung. Dass heute solchen Leuten Raum eingeräumt wird, das zu präsentieren – und nicht nur alleine der Umstand, dass die Betriebsratsgründung behindert worden ist. Noch einmal: Letzteres hat es immer gegeben. Aber es ist eine neue Qualität der Auseinandersetzung, wenn man jemandem so breiten Raum gibt, sein extrem reaktionäres gesellschaftspolitisches Modell darzustellen. Das müssen wir in unserer Diskussion mitbetrachten, wenn wir die Notwendigkeit dieser drei Institutionen Betriebsrat, Gewerkschaften und Arbeiterkammern sehen. Und das unterscheidet uns auch von anderen Ländern, dass wir dieses Ergänzungsinstrument und die Dreigliedrigkeit in der Zusammenarbeit haben. Das erklärt auch, warum wir es in Österreich sehr wohl geschafft haben, unsere Anliegen politisch durchzusetzen, und es ist uns eben gelungen, dass wir bei der Diskussion um die Einführung des Euro zusätzlich eine europäische Beschäftigungspolitik verlangt haben und dies auch durchsetzen konnten.

Erstmals haben wir heuer wieder die Situation, dass wir mehr Leute in Beschäftigung gebracht haben und gleichzeitig die Arbeitslosenrate verringern konnten. Das war unser politisch gewollter und geforderter Beschäftigungsplan. Außer in der Sozialdemokratie sehe ich bei den Koalitionsverhandlungen in keiner Programmatik – weder bei der ÖVP noch bei den Freiheitlichen – irgendeine Aussage zur Beschäftigungspolitik. Ich höre nichts in der öffentlichen Diskussion, und dort höre ich auch von den Sozialdemokraten zu wenig. Es werden wichtige Bereiche öffentlich diskutiert. Die Anliegen der Arbeitnehmerseite finden jedoch fast nicht in die Diskussion Eingang. Aber ob wir da erfolgreich waren, das ist mit einem großen Fragezeichen versehen. Wie das jetzt politisch weitergeht, ob genügende finanzielle Ausstattung vorhanden sein wird, dass man diese beschäftigungspolitischen Programme auch tatsächlich weiter in der Praxis umsetzen kann, ist noch unklar.

Eine zweite Zielsetzung: die Steuerreform. Damals war von 10 Milliarden Schilling die Rede, und wir haben 18 Milliarden gefordert. Die Reform sollte vor allem den kleineren und mittleren Einkommen zugute kommen. Es sind dann 17 Milliarden geworden, aber das ist nicht von selbst so gekommen. In einer politischen Auseinandersetzung mit der Regierung sind unsere Vorstellungen umgesetzt worden. Und so zeigt sich eben, dass eine organisierte Arbeitnehmervertretung im Zusammenwirken dieser drei Institutionen sehr wohl im Vergleich zu anderen Staaten, wo dies nicht so ist, Erfolge erzielen kann. Aber damit ist das Ziel noch nicht erreicht. Trotz aller beschäftigungspolitischer Erfolge haben wir am Arbeitsmarkt Riesenprobleme: die zunehmenden atypischen Arbeitsverhältnisse, Kettenverträge, Scheinselbstständigkeit, geringfügig Beschäftigte, Leiharbeit ohne kollektivvertragliche Absicherung. Das sind Phänomene, die vielen aus der persönlichen Erfahrung bekannt sind. Daraus resultiert das Problem, dass bei der Um- und Ausgliederung die Qualität der betrieblichen Mitbestimmung oftmals verloren geht, weil die Firmen so konstruiert werden, dass man das Arbeitsverfassungsgesetz ganz einfach umgeht. Und wir haben die Probleme, dass wir in vielen Firmen auch keinen Betriebsrat installieren können und die Leute, wenn sie keine Vertretung haben, weder einen Betriebsrat noch einen entsprechenden gewerkschaftlichen Kontakt oder eine Absicherung in der Firma haben. Wenn sie – und das kommt oft vor – in ihrem regulären Arbeitsverhältnis um ihren Lohn und um ihre Sozialansprüche schlicht und einfach geprellt werden, kommen sie zu uns in die Arbeiterkammer. Wir bieten diesen Leuten an, sie als Arbeiterkammer zu vertreten, doch sie lehnen ab, weil sie fürchten, ihren Arbeitsplatz zu verlieren. Und die hauptsächliche Tätigkeit unserer

Vertretungsarbeit findet erst dann statt, wenn die Leute gekündigt oder entlassen werden. Dann kommen sie zu uns, und wir führen und gewinnen dann die Prozesse. Aber sie trauen sich erst zu uns zu kommen, um ihre gesetzlichen Ansprüche durchzusetzen, wenn sie die Arbeit schon verloren haben. So ist die Situation, und ich glaube, es muss uns zweierlei gelingen. Zum einen müssen wir viel mehr Menschen erreichen und ihnen erklären, warum es sinnvoll ist, dass wir diese drei wichtigen Einrichtungen haben und was wir für sie damit leisten können. Und zum Zweiten, dass man in dieser grundsätzlichen Auseinandersetzung der Öffentlichkeit verstärkt diese negativen Entwicklungstendenzen klar zu machen versucht und ihnen verdeutlicht, dass die Antwort nur in einer Stärkung dieser drei Institutionen und deren Zusammenwirken liegen kann. Ich weiß, dass das ein anspruchsvolles Programm ist und dass es nicht so einfach zu vermitteln ist, weil gesellschaftliche Zusammenhänge, aber auch wirtschaftliche Zusammenhänge für viele heutzutage nicht mehr so gegeben sind wie in den 60er- und 70er-Jahren. Aber es ist eben die Aufgabe unserer Bildungsinstitutionen und in unseren täglichen Auseinandersetzungen, den Menschen komplexere Zusammenhänge mitzuteilen und ihnen zu zeigen, dass wir in ihrem Interesse handeln.

Wir müssen diesen allgemeinen Entwicklungstendenzen Paroli bieten und versuchen, das, was wir in unserer langjährigen Geschichte erreicht haben, zu erhalten und auch weiterzuentwickeln. Es gab in der Geschichte der Arbeiterbewegung immer wieder Situationen, die nicht einfach waren und die trotzdem durch Beharrlichkeit, Zähigkeit und Überzeugungsarbeit zum Positiven geführt werden konnten.

Mitbestimmung gegen Shareholder Value? Modelle der ArbeitnehmerInnen-mitbestimmung

Adolf Brock

Die Gewerkschaften und die Betriebsräte als die unmittelbaren Interessenvertretungsorgane der Arbeiter und Angestellten und übrigen Abhängigen befinden sich in Westeuropa (aber nicht nur dort) eindeutig in einem Zangengriff. Zum einen sind sie mit den Strategien des wieder erstarkten Neoliberalismus und den damit verbundenen Angriffen auf den Sozialstaat und seine sozialen und politischen Errungenschaften konfrontiert. Zum anderen müssen sie direkte Angriffe auf die Interessenvertretungen der ArbeitnehmerInnen, Gewerkschaften, Betriebsräte, Betriebsvertrauensleute, Vertretungen in den Mitbestimmungsorganen, Kammern und Aufsichtsräten abwehren.

Politisch-strukturell kommen zu diesen Auseinandersetzungen – die zurzeit noch unter den jeweiligen besonderen nationalen Bedingungen stattfinden – weitere europäische und internationale Fragen und Aufgabenstellungen hinzu, unter anderem Probleme, die von den Vergesellschaftungsformen der neuen Informationstechnologien ausgehen.

Sichtbar wird der Zangengriff in Deutschland im Angriff auf den Flächentarifvertrag, auf Arbeitszeitregelungen – gefragt ist der rundum flexible Arbeitnehmer, der Tag und Nacht, Sonntag wie Werktag, der Produktion bzw. der Dienstleistung zur Verfügung steht – und auf die sozialen Sicherungen, die sich aus dem Staatsgebot der Verfassungen ergeben. Kampfbegriff zu letzterem ist: „Der Sozialstaat ist nicht mehr bezahlbar“, „er muss abgebaut oder zumindest umgebaut werden“.

In Österreich und in den anderen Ländern der EU geht es im Kern um die gleichen Probleme: zur Rückdrängung der Gewerkschaften, Erschwerung der unmittelbaren Interessenvertretung in den Betrieben und Unternehmen, Propagierung einer neuen Selbstständigkeit. Nicht mehr der Lohnarbeiter, sondern der selbstständige Arbeitskraftunternehmer steht am Ende dieser Entwicklung, also neue Taglöhner, die täglich um Arbeit betteln oder bangen müssen.

Das neue Leitbild ist der unternehmerische Mensch, der, wenn er etwas Geld übrig hat, an der Börse spekuliert und, wenn er Glück hat, ein karges Zubrot zu seinem mühsam verdienten Entgelt erhält.

Die Gewerkschaften, Betriebsräte, Arbeiter, Angestellten und Frauen im Bündnis mit kritischen Wissenschaftern, Kirchenvertretern und Aktivisten der Nicht-Regierungsorganisationen müssen Strategien und Praktiken entwickeln, die langfristig darauf abzielen, die negative Utopie des Neoliberalismus aufzuheben bzw. zu überwinden.

In den hoch industrialisierten und mit den neuesten Informationstechnologien vernetzten Unternehmen, Staaten und Regionen kann diese Transformation nur durch die Gesellschaftssysteme und politischen und ökonomischen Strukturen hindurch erfolgen. Mitbestimmung in weitester Form ist ein Hebel für diese zu leistende Arbeit.

Es liegen eine Reihe von Modellen zur Mitbestimmung vor. Eine volle Mitbestimmung ist noch in keinem Mitgliedsland der europäischen Gewerkschaften durchgesetzt worden. Die Auseinandersetzung um die Demokratisierung von Wirtschaft und Gesellschaft ist noch nicht zu Ende. Es beginnt eine neue Etappe, allerdings unter verschärften Bedingungen des Shareholder-Kapitalismus.

Mitbestimmung

Mitbestimmung ist der Anspruch der Arbeitnehmer auf unmittelbare Einflussmöglichkeit auf die Leitung und Gestaltung des Produktions- und Wirtschaftsprozesses auf allen Ebenen der Volkswirtschaft. Es geht um Kontrolle der Wirtschaft, aber auch um Eingriff und Gestaltung.

Es sind in Deutschland drei unterschiedliche Positionen zur Mitbestimmung vorhanden:

- ❏ Mitbestimmung als Schritt zur Gleichberechtigung von Kapital und Arbeit,
- ❏ Mitbestimmung als Teil des Arbeitnehmerschutzes wie Arbeitssicherheit, Gesundheits- und Krankenschutz,
- ❏ Mitbestimmung als Kampfaufgabe und Teil von Gegenmacht der Arbeiter und Angestellten gegen die Macht des Kapitals.

Mitbestimmung ist ein Prozess der Diskussion und der gesellschaftspolitischen Auseinandersetzung. Es geht langfristig um den Vorrang der Interessen der Arbeit vor den Interessen des Kapitals, um Selbstbestimmung der Arbeitnehmer, um Kontrolle der Wirtschaft, um Einfluss darauf, was produziert wird, und nach wie vor um die sozialstaatliche Sicherung der Demokratie. Denn es war nach dem Ende des Zweiten Weltkrieges und der Niederwerfung des Faschismus einhellige Meinung der deutschen Arbeiter- und Gewerkschaftsbewegung in all ihren Strömungen – der sozialdemokratischen, sozialistischen, kommunistischen und christlichen –, dass es Faschismus und Krieg von Deutschland aus nicht noch einmal geben dürfe und dass die Demokratie in Deutschland nur gesichert sei, wenn auch die Wirtschaft demokratisch ist.

Deshalb wurden in den wirtschaftspolitischen Leitsätzen des DGB-Gründungskongresses drei Grundforderungen gestellt:

- Vergesellschaftung der Schlüsselindustrien,
- gesellschaftliche Rahmenplanung,
- Einführung der Mitbestimmung.

Von diesen eindeutig antikapitalistisch begründeten Forderungen ist nur die Mitbestimmungsforderung im Ansatz verwirklicht worden. Eine umfassende Regelung der Mitbestimmung, die vom Arbeitsplatz über den Betrieb, die Unternehmen bis in die Konzerne und heute in die internationalen Konzerne reicht, konnte nicht durchgesetzt werden.

Bei den vorhandenen gesetzlichen Regelungen zur Mitbestimmung handelt es sich um Regelungen der Teilhabe an der wirtschaftlichen Kontrolle über die Aufsichtsräte und in Großbetrieben um Beteiligung an der Leitung der Unternehmen durch einen Arbeitsdirektor.

Die erste Mitbestimmung in einem Unternehmen wurde 1946 in der britischen Besatzungszone durch Vereinbarung in der Hagen-Hasper-Hütte in Westfalen – einem Eisen- und Stahlwerk – eingeführt. Die Verselbstständigung der Hütte als Unternehmen war eine Folge der Entflechtungsmaßnahmen der Alliierten. Die Hütte wurde aus dem Klöckner-Konzern Duisburg ausgegliedert. Weitere Unternehmen aus der Entflechtung des Kohlen- und Stahlbereichs folgten.

Die Hütte erhielt den ersten paritätisch besetzten Aufsichtsrat, d. h. Kapital- und Arbeiterseite entsandten die gleiche Zahl von Aufsichtsratsmitgliedern. Damit es bei Abstimmungen im Aufsichtsrat nicht zu Pattsituationen kam, wurde ein elfter neutraler Mann bestellt, der weder von der Kapital- noch Arbeiterseite abhängig sein sollte.

Eine weitere wichtige Neuerung war die Bestellung eines Arbeitsdirektors für den Vorstand des Unternehmens. Dieser Direktor konnte nur mit Zustimmung der Gewerkschaften und Betriebsräte berufen werden. Diese Form der Mitbestimmung fand im „Gesetz über die Mitbestimmung der Arbeitnehmer in den Aufsichtsräten und Vorständen der Unternehmen des Bergbaus und der Eisen und Stahl erzeugenden Industrie“ (Montan-Mitbestimmungsgesetz) vom 10. April 1951 seine Fixierung. Das Montan-Mitbestimmungsgesetz kam nur unter erheblichem Druck der Betriebsbelegschaften und Gewerkschaften zu Stande. Die Arbeitgeber sträubten sich gegen die Ausdehnung der Mitbestimmung trotz des inzwischen in einigen Länderverfassungen verankerten Anspruchs der Arbeitnehmer auf Mitbestimmung.

Konrad Adenauer, der damalige Bundeskanzler, setzte das Gesetz durch, er erreichte aber gleichzeitig, dass die „Paritätische Mitbestimmung“ auf den Montanbereich beschränkt blieb. Denn das am 19. Juli 1952 verabschiedete Betriebsverfassungsgesetz (Betriebsrätegesetz) sah keine paritätische Mitbestimmungsregelung vor. Das Gesetz enthielt eine Drittel-Beteiligungsregelung für Arbeitnehmervertreter im Aufsichtsrat von Unternehmen ab tausend Beschäftigten. In das Drittel der Arbeitnehmervertreter konnten aber auch außerbetriebliche Gewerkschaftsvertreter gewählt werden. Ein Arbeitsdirektor wurde nicht gesetzlich vorgeschrieben. Durch das Betriebsverfassungsgesetz wurde für den Betriebsrat ein Mitbestimmungsrecht in sozialen Angelegenheiten eingeführt, aber kein wirtschaftliches Mitbestimmungsrecht.

Politisch/juristisch ist das Deutsche Betriebsverfassungsgesetz kein „Verfassungsgesetz“, sondern ein Arbeitnehmerschutzgesetz. Es schützt vor Willkür, gewährt abgestufte Mitwirkungsrechte, die dem Betrieb bzw. dem Unternehmen mindestens so viel nützen wie den Arbeitern und Angestellten. Auch die späteren Novellierungen des Betriebsverfassungsgesetzes haben an der 1952 eingeführten Grundstruktur des Gesetzes nicht viel geändert.

Im Zuge der Rekonzentration der westdeutschen Wirtschaft in der zweiten Hälfte der fünfziger Jahre, durch die ein Teil der Entflechtungsauflagen der Besatzungsmächte wieder rückgängig gemacht wurde, die Konzerne sich ausdehnten und es wieder zu Überkreuzverflechtungen kam und zudem „neue“ Übergesellschaften gegründet wurden, versuchte die Kapitalseite, die paritätische Mitbestimmung des Eisen-, Stahl- und Bergbaubereichs wieder auszuhebeln. Dies wurde zunächst durch die Verabschiedung des „Montan-Mitbestimmungs-Ergänzungsgesetzes“ vom 7. August 1956 verhindert. Die paritätische Mitbestimmung konnte zunächst gesichert werden. Diese Sicherungen laufen demnächst aus, denn die Mitbestimmung in den Obergesellschaften wurde bisher durch die Montananteile im Konzern gewährleistet. Ab 2002 gibt es diese Anteile aber in der vorgeschriebenen Höhe in den Obergesellschaften nicht mehr.

Am 4. Mai 1976 verabschiedete der Deutsche Bundestag das „Gesetz über die Mitbestimmung der Arbeitnehmer" (Mitbestimmungsgesetz). Das Gesetz schreibt für Unternehmen mit in der Regel mehr als 2.000 Arbeitnehmern die Einführung der Mitbestimmung im Aufsichtsrat vor. Die Zusammensetzung des Aufsichtsrates – gleiche Zahl von Arbeitnehmer- bzw. Gewerkschaftsvertretern und Kapitalvertretern – richtet sich nach der Beschäftigtenzahl. Ein „neutraler Mann" wurde im Gesetz nicht vorgesehen. Bei Abstimmungen, bei denen Stimmengleichheit erzielt wird, Entscheidungen aber „notwendig" sind, verfügt der der Kapitalseite angehörende Aufsichtsratsvorsitzende über eine doppelte Stimme. Das Gesetz schreibt auch die Bestellung eines Arbeitsdirektors vor. Dessen Wahl ist aber nicht mehr abhängig von der Zustimmung der Arbeitnehmerseite. Die Positionen des Arbeitsdirektors werden heute weitgehend von Managern der Kapitalseite besetzt.

Die von Kompromissen bestimmten Mitbestimmungsformen entsprachen weder den Ausgangsformen noch entsprachen sie dem Mitbestimmungsstreben der Arbeitnehmer. Denn schon in der Weimarer Republik in Deutschland (1918/19 bis 1933) hatte die Mitbestimmung Verfassungsrang und sollte im Kontext der Wirtschaftsdemokratie (Artikel 65 Weimarer Reichsverfassung) die Basis für zu entwickelnde Gemeinwirtschaftsformen bilden. Mitbestimmung war und ist deshalb immer auch ein Prozess der Diskussionen und Modellvorschläge geblieben. Es gab immer wieder Diskussionen und Versuche, die Mitbestimmung auszuweiten, aber auch einzuengen. Die Arbeitgeber versuchten sie ab Ende der sechziger Jahre zurückzudrängen. Einer der Leitsprüche der Arbeitgeber war: „Mitbestimmung im Betrieb bzw. Unternehmen kann es ebenso wenig geben wie im Zuchthaus und im Krankenhaus."

Die Hauptschwäche der Mitbestimmung war und ist auch heute noch, dass sie auf die Teilhabe an der Kontrolle der Wirtschaftsunternehmen begrenzt ist, dass sie im Wesentlichen nur für Großunternehmen gilt, es keine Mitbestimmung am Arbeitsplatz gibt, keine Beteiligung an der Wirtschaftsplanung – staatlich wie privat – durchgesetzt wurde und keine Ausdehnung in die übrigen mitbestimmungsfähigen Bereiche des Staates und der Gesellschaft erreicht wurde: im Gesundheitssektor, in Schulen, Hochschulen, im Wissenschafts- und Mediensektor.

Neuere Vorschläge zur Weiterentwicklung der Mitbestimmung wären:

- *Mitbestimmung am Arbeitsplatz auf der Basis von Arbeitsgruppen und Gruppensprechern*
  (inzwischen als Rationalisierungsmöglichkeit von den Arbeitgebern aufgenommen und in ihrem Sinne umfunktioniert bei der Durchsetzung von „lean production")
- *Mitbestimmung als Co-Management*
  Hier hat Peter von Oertzen schon vor 40 Jahren darauf hingewiesen, dass das nicht einmal für eine Junior-Partnerschaft ausreiche. Inzwischen sind die Arbeitgeber aber flexibler. Da, wo ihnen Co-Management nützlich ist, nehmen sie es gerne als Juniorpartnerschaft an.
- *Mitbestimmung auf der Basis eines Vetorechts der Betriebsräte*
  Danach sollen die Unternehmer bzw. ihre Beauftragten keine Alleinentscheidungen mehr treffen. Gemeint ist, dass die Belegschaftsvertreter gegen Entscheidungen des Unternehmers ihr Veto einlegen können und er dadurch gezwungen ist, einvernehmlichen Lösungen zuzustimmen.
- *Mitbestimmung im Betrieb auf der Basis einer konsequenten Humanisierung der Arbeit*
  Dieser Ansatz geht auf das Programm der deutschen Bundesregierung zur Humanisierung der Arbeit in den siebziger Jahren zurück, das vom IG-Metall-Funktionär und damaligem Bundesminister Hans Matthöfer initiiert wurde. Dieses Programm hatte durchaus Wirkungen in etlichen Betrieben, die sich dem Programm geöffnet hatten. In den letzten zwei Jahren ist aber eine Rückgängigmachung der Ansätze und gleichzeitig eine Rückkehr zu taylorisierten Arbeitsformen festzustellen.
- *Mitbestimmung als Teil von Belegschaftskooperation*
  Die Belegschaftskooperation als Selbstorganisation des Sektors Arbeit und der Produktion durch die Arbeiter und Angestellten kommt der Zielsetzung bzw. Durchsetzung der politischen Ökonomie der Arbeit und der Arbeiter und Angestellten am nächsten. Belegschaftskooperation ist aber auch Voraussetzung für die Durchsetzung der politischen Ökonomie der Arbeit und der Arbeiter.

Alle diese Erweiterungen/Vorschläge stoßen zurzeit auf zwei Schwierigkeiten. Sie zu überwinden, muss Aufgabe der nächsten Etappe der Politik der Gewerkschaften, Betriebsräte und Betriebsbelegschaften sein. Voraussetzung ist aber, dass die Gewerkschaften sich nicht weiter von den Faktoren des Shareholder-Kapitalismus lähmen lassen.

Faktoren der Ökonomie des Shareholder-Kapitalismus

In dieser Form des Kapitalismus steht nicht das Wachstum der Wirtschaft im Zentrum, sondern die Verfügung über die Verteilung. Ziel ist die unbedingte Sicherung hoher Profite auf Kosten der Arbeitnehmer und der nichtbesitzenden Mehrheit der Gesellschaft. Die Umverteilung von unten nach oben wird fortgesetzt. Dieser Prozess wird mit dem Argument gerechtfertigt, dass die privaten Investitionen durch hohe Rentabilitätsaussichten angereizt und vermehrt werden, damit Wachstum und Beschäftigung gestärkt werden. Diese Zielsetzung ist eine Möglichkeit, aber nicht Realität. Die Kapitalrenditen in Deutschland liegen fast so hoch wie in den besten Zeiten der fünfziger und sechziger Jahre. Gleichzeitig hält aber der Fall der Investitionsquote an. Die neoliberale Umverteilungspolitik fördert hohe Kapitalbildung, führt aber nicht zur entsprechenden Zunahme des Produktivkapitals, sondern vermehrt lediglich das Finanzkapital. Dem Finanzkapital hat sich in den hoch entwickelten kapitalistischen Ländern nicht nur die Politik weitgehend untergeordnet, sondern es hat auch durch feindliche Übernahmen von Konzernen die Erzwingung der Privatisierung der rentablen Teile des Gemeinschaftsvermögens (Beispiel Telecom) erreicht. Die Produktionsunternehmen werden zu finanzwirtschaftlichen Anlageobjekten, deren Beurteilung nach Börsenwert und Ertragsaussichten erfolgt. Der Shareholder Value steht für den Profitanspruch des börsengängigen Finanzkapitals, das in milliardenschweren Investments und Pensionsfonds konzentriert ist. Deren Interessen gelten nur auf einer Ebene der Ökonomie – ihrer eigenen: Es wird den Managern vorgegeben, welche Renditen erwartet werden. 20 bis 25% ist die Richtzahl. Die Arbeitskräfte werden in diesem „Spiel" nicht als gleichberechtigt angesehen, sondern nur als Kostenfaktor. Stören sie die Wertschöpfung, müssen auch hier die Kosten durch Rationalisierung und Freisetzung gesenkt werden.

Durch die Politik wird die Spirale der Umverteilung noch enger. Der Spielraum für die Erhöhung der Löhne und die Verkürzung der

Arbeitszeit wird kleiner. Der Staat muss die kürzeren Ausgaben für die soziale Sicherung erhöhen, da er von der Kapitalseite immer weniger bis gar keine Steuern mehr erhält. Zudem muss er die Steuern und Abgaben bei den Abhängigen erhöhen.

In absehbarer Zeit wird die Verteilungsfrage zur Schlüsselfrage. Wenn es nicht gelingt, von dieser Politik der „Verteilungsunlogik“ wegzukommen, wird das eintreten, was Richard Rorty, einer der führen Sozialphilosophen, befürchtet: Es kommt zu einem Kampf zwischen Arm und Reich ungeahnten Ausmaßes. Gleichzeitig werden die Sicherheiten des Sozialstaates unterlaufen. Das Sozialstaatsgefüge, das in der EU noch einigermaßen in der Balance ist, könnte auseinander brechen. Shareholder-Kapitalismus ist nicht der Ökonomie des „Ganzen Hauses“ verpflichtet, sondern nur seinen eigenen Profitinteressen.

Was ist nun zu tun?

ArbeiterInnen und ihre Organisationen und Interessenvertretungen müssen in Europa insgesamt aktions- und widerstandsfähiger werden. Erste Ansätze sind erkennbar, aber länderübergreifende Aktionen sind noch sehr gering. Notwendig ist es, dass die Gewerkschaften in Europa als ersten Schritt zu einer Internationalisierung ihrer Arbeit gelangen. Es ist notwendig, den „Stellungskrieg“ aufzugeben und zum „Bewegungskrieg“ überzugehen. Erforderlich ist deshalb ein Zukunftsmanifest der Gewerkschaften, aus dem die politischen, ökonomischen und kulturellen Zielsetzungen klar hervorgehen, und aus dem Strategie und Taktik für die jeweiligen nächsten Schritte ableitbar sind.

Ausgangspunkte dieses Manifestes hätten die alten und neuen Arbeitnehmerinteressen zu sein – dies auf der Basis der Menschenrechte, der Sicherung der Grundexistenz eines jeden Menschen: Arbeit, Essen, Kleidung, Wohnen, Garantie der Unversehrtheit von Leib und Leben, Bekämpfung von jeglicher Form von Ausbeutung und Unterdrückung, im Arbeitssektor, öffentlich, kulturell, privat und im Ausbildungssektor. Es geht um die Überwindung von Fremdbestimmung und Herrschaft von Menschen über Menschen, um den uneingeschränkten Zugang zu allen „materiellen und geistigen Ressourcen“ (Hermann Heller). Es geht um die gemeinschaftliche Verwaltung der Produktionsmittel, kurz, um eine Demokratie, in der Gleichheit, Solidarität und Freiheit nicht nur Forderungen zum 1. Mai sind.

Ein solches Manifest der Gewerkschaften ist doppelt notwendig. Die Kolleginnen und Kollegen benötigen dringend Argumente gegen die Ideologien des Shareholder-Kapitalismus, mit denen sie täglich konfrontiert werden.

Die Gewerkschaften dürfen sich nicht in die Politik der „jeweils herrschenden Parteien“ einbinden lassen, denn der Glaube an den Markt oder an die Mitte sind noch nicht aktive Politik. Leider sind neoliberale Ideen eine Variante des Shareholder-Kapitalismus. Die Gewerkschaften und mit ihnen die Arbeiter und Angestellten stehen vor einer ihrer größten Herausforderungen. Die regionalen und nationalen Gewerkschaftskämpfe müssen diese Grenze überwinden. Der Widerstand gegen den internationalen „Terror der Ökonomie“ kann wirksam nur international organisiert werden.

Der Widerstand muss auf mehreren Ebenen organisiert werden

- ❑ auf den klassischen gewerkschaftlichen Feldern (Lohn, Arbeitsplätze, Arbeitsbedingungen, Erhalt der Arbeitskraft, Mitbestimmung),
- ❑ Einmischung in die Politik, Ökonomie, Ökologie; Fragen der existenziellen Lebensinteressen,
- ❑ Demokratisierung des Ausbildungs-Bildungswesens und der Forschung,
- ❑ eine Jugendpolitik, die an den Lebensinteressen der jungen Menschen ansetzt,
- ❑ Bündnispolitik, Beteiligung an der Politik, den Widerstandsorganisationen und den Nichtregierungsorganisationen.

Diese weltumspannenden Projekte werden nur gelingen, wenn sie von einer Bildungsoffensive begleitet werden:

- ❑ Reform der Erst- und Grundlagenbildung – Bildung für alle auf der Grundlage kritischer Polytechnik,
- ❑ Organisierung eines politischen Bildungsprojektes – Kompetenzverfügung für alle (Oskar Negt).

Nur durch Kompetenzverfügung in und über Politik, Ökonomie, Technologie, Geschichte, Ökologie, die Rückgängigmachung von Ereigniserfahrungen, die Organisierung von Solidarität und Widerstand (Herstellung von Zusammenhang) und die sich daraus ergebende Politik und die Durchbrechung der liberal-kapitalistischen

Ökonomie (Kapitallogik) wird es langfristig zu einer Gesellschaft kommen, die auf dem Fundament von Menschenwürde steht. Voraussetzung ist, dass die Gewerkschaften die Demokratie nicht nur fordern, sondern sie schon in ihrem eigenen Wirkungsbereich praktizieren.

Diskussion

Diskussionsbeitrag 1: Kollege Brock, du hast sehr viel von der Mitbestimmung gesprochen mit starker Betonung der Gewerkschaften. Wenn ich mir die Mitbestimmung so rundherum ansehe, gibt es vorwiegend in Österreich und Deutschland das Modell der Betriebsräte. In Italien und Frankreich, aber auch in England ist das schon wesentlich anders.

In Anspielung auf deinen Vortragstitel: Hältst du Betriebsräte für das bessere Instrument, um diese Mitbestimmung zu verwirklichen, oder gäbe es deiner Meinung nach andere Modelle, die wir weiterentwickeln müssten?

Diskussionsbeitrag 2: Immer dann, wenn es zu Analysen kommt, stelle ich fest, dass die Schlussfolgerungen daraus eigentlich darauf basieren: Wir müssen unsere bestehenden Organisationen und Institutionen supranationalisieren, und dann wird es schon funktionieren oder damit wäre die Möglichkeit gegeben, wieder die Gegensteuerung in die Hand zu nehmen.

Meiner Meinung nach ist es sicher ein vernünftiger Ansatz, nichts zu zerschlagen, wenn man nicht weiß, was man als neues Instrument dagegen stellen soll. Aber man vergisst dabei, dass es eine ganze Reihe von alternativen Möglichkeiten im Rahmen anderer Organisationen gibt, wenn ich etwa an den WTO-Protest denke.

Brock: Dagegen ist nichts einzuwenden, das fällt genau in meinen Vorschlag der Bildungsoffensive oder Lernoffensive, wie immer wir das nennen wollen. Aber diese muss auch organisiert werden. Ich habe ja nicht im Einzelnen ausgeführt, was es mit der Mitbestimmung am Arbeitsplatz auf sich hat. Die Betriebsräte selbst werden in Zukunft für die Gewerkschaften und auch für die Arbeitnehmer selbst noch viel wichtiger, weil bei den weiteren Ausgliederungen immer weniger Leute gebraucht werden und es darauf ankommen wird, wie wir das zusammenhalten. Und das wird meinungsbildend sein.

Und noch ein weiteres Problem: In Deutschland geht der DGB aus der Fläche heraus, das heißt, im Norden gibt es Gebiete, wo es für fast 150 Quadratkilometer für ein paar Hundert Betriebe noch ganze drei Sekretäre gibt. Die größten haben 2.000 und die kleinen 30 bis 40 Beschäftigte. Auf die Betriebsräte kommen dort noch enorme Aufgaben zu, die sie nicht ohne Gewerkschaft lösen können. Die Gewerkschaften sind Selbsthilfeverbände. Das ist ihre genuine Aufgabe, sie sind unabhängig vom Staat und sie sind unabhängig von anderen, von den Unternehmern, und haben Solidarität zu organisieren. Die Betriebsräte sind ihr Bindeglied.

Diskussionsbeitrag 3: Mit der ersten Frage war gemeint, ob du aus deiner Kenntnis der europäischen Gewerkschaftslandschaft das deutsch-österreichische Modell der unabhängigen, gewählten Betriebsräte als effizienter oder besser im Sinne einer Mitbestimmung ansiehst als zum Beispiel das englische Modell, wo es ja ein gemischtes System zwischen gewählten und unabhängigen Vertretern, aber eigentlich auch Gewerkschaftern in Betrieben gibt.

Kannst du hier bitte eine kurze Einschätzung vornehmen?

Brock: Das englische System ist schwächer, das ist gar keine Frage, weil es insgesamt zersplitterter ist. In Frankreich und in Holland gibt es das Prinzip der Konsultation. Dort sitzt der Arbeitgeber zum Teil ja bei den Verhandlungen mit dabei. Das heißt also, diese Unabhängigkeit, die wir brauchen, ist dort nicht gegeben. Es sei denn, wir setzen voll auf Kooperation, das würde aber auf der anderen Seite bedeuten, dass die Unternehmer auch wirklich kooperationswillig sind.

Als ich in den Aufsichtsrat kam, hatte ich ja noch die Illusion, dass das, was in Deutschland passiert war, die Unternehmer nicht wieder wollten. Ich nahm an, dass sie mit uns gleichberechtigt zusammenarbeiten werden. Diese Vorstellung ist mir aber nach den ersten zwei Jahren endgültig für alle Zeit vergangen.

Es mag sein, wie neulich jemand in einer Diskussion gesagt hat: „Auch wenn der Adolf Brock noch für den mündigen Arbeitnehmer und den mündigen Gewerkschafter eintritt – wir sind jetzt doch da heraus, denn wir machen jetzt Co-Management. Und wenn er darauf besteht, dann müssen wir das lebensgeschichtlich verstehen. Er hat also jahrelang dafür gekämpft und kann jetzt nicht davon los." Das war etwas peinlich, weil hauptamtliche Leute dabei saßen und nur zwei mich unterstützten und die anderen auf diese wirtschaftsfriedliche Linie gesetzt haben.

In Deutschland sind die Gewerkschaften nur noch Dienstleister. Da übersehen die Kollegen, dass solche arbeitsrechtlichen Dienstleistungen in Amerika längst von Rechtsanwaltsbüros gemacht werden. Meiner Meinung nach müssen wir das, was wir haben, ausbauen. Das ist aber ein etwas längerer Weg, weil wir auf eine gemeinsame Linie kommen müssen. Im Moment brauchen wir uns aber darüber keine Sorgen machen, weil die Arbeitgeberseite das ohnehin abwehrt. Hier dürfen wir uns auf keinen Fall unterdrücken lassen.

Podiumsdiskussion

Hier beginnt die mitbestimmungsfreie Zone – Unternehmen ohne Betriebsrat

Teilnehmer:
Gerhard Siwiec, Betriebsratsvorsitzender der Firma Fruchtunion
Michael Leitgeber, Betriebsratsvorsitzender der Firma Cosmos
Jutta Brandhuber, Landessekretärin der GPA Kärnten
Toni Steinmetz, Sekretär der Gewerkschaft MBE Oberösterreich
Franz Steindler, Bezirkssekretär des ÖGB Mödling

Moderatorin: **Sigrid Pilz**

Sigrid Pilz: Wir haben uns für heute vorgenommen, das Thema von der Seite zu betrachten, wie es die Betriebsräte täglich in den Unternehmen erleben. Wir wollen nun weg von der theoretisch abgehobenen Ebene, konkret hin zur Frage, was Mitbestimmung in Betrieben heißt. Besteht die Zukunft, wie das ein sattsam bekannter Konzernchef aus Kanada gemeint hat, nur mehr aus Vertrauensleuten? Soll es keine Betriebsräte mehr geben? Kann man alles in der „großen Familie“ des Unternehmens regeln, oder gibt es die alten Notwendigkeiten für betriebliche Mitbestimmung nach wie vor und addieren sich bloß die neuen Probleme der flexiblen globalen Arbeitswelt dazu? Zu diesen Themenbereichen haben wir heute Menschen aus der Praxis eingeladen, einerseits Betriebsräte aus den Betrieben und andererseits Gewerkschafter. Wir beginnen damit, dass sich die Kollegen und Kolleginnen vorstellen. Dann werden wir auf dem Podium eine erste Runde machen. Sie werden ihre jeweiligen Positionen darstellen, und dann haben Sie Gelegenheit, mit den Kolleginnen und Kollegen zu diskutieren.

Neben mir sitzt Michael Leitgeber, er ist Betriebsratsvorsitzender bei der Firma Cosmos/Köck. Ihm zur Seite sitzt Gerhard Siwiec – alter russischer Adel – darum ist es so schwer auszusprechen. Er hat offensichtlich die politische Seite gewechselt *(Lachen)*. Er arbeitet oder hat bei der Firma Fruchtunion gearbeitet und ist als Betriebsratsvorsitzender dort fristlos entlassen worden. Mir zur Seite sitzt Toni Steinmetz, er ist Sekretär der Gewerkschaft Metall-Bergbau-

Energie Oberösterreich und betreut eine Reihe von kleineren und mittelgroßen Betrieben. An seiner Seite sitzt Jutta Brandhuber, Landessekretärin der Gewerkschaft der Privatangestellten in Kärnten, und von mir aus gesehen ganz links Franz Steindler, er ist Betriebssekretär des ÖGB in Mödling. Herr Steindler wird darüber sprechen, wie die Gewerkschaft mit den Betriebsräten zusammenarbeitet und welche Ermutigungsmodelle es geben kann.

Beginnen wollen wir nun mit zwei eindrücklichen Beispielen aus der Praxis. Eines davon ist negativ ausgegangen, und das andere ist gut ausgegangen. Beginnen wir zuerst mit Gerhard Siwiec von der Firma Fruchtunion. Herr Siwiec, Sie sind fristlos entlassen worden. Wie ist das möglich? Sie sind doch Betriebsrat?

Gerhard Siwiec: Liebe Kolleginnen und Kollegen, ich darf mich kurz vorstellen. Mein Name ist Gerhard Siwiec, ich bin fast 53 Jahre alt und bin knapp 23 Jahre im Unternehmen Fruchtunion tätig gewesen. Unsere Muttergesellschaft, die Atlanta, hat vor 27 Jahren die Firma Fruchtunion in Österreich übernommen. Es gab bei uns immer eine ordentliche Konfliktkultur. Vor zwei Jahren wurde das Großunternehmen Ahorner übernommen. Da haben für mich und auch für viele andere Kollegen die Probleme angefangen. Ich bin jetzt seit vier Jahren Betriebsrat bei der Firma Fruchtunion, und es ist bis jetzt leider nie zu einer Fusion gekommen, da diese beiden Unternehmen finanziell nicht so gut standen. Daher wurde lediglich kooperiert. Auf Grund dessen hat es auch keine Verschmelzung beider Unternehmen gegeben, sodass ich der Betriebsrat für alle gewesen bin. Es gab früher einmal bei der Firma Ahorner einen Betriebsrat. Doch diesen hat man mit Handzeichen abgewählt. Es war in der Vergangenheit schon so, dass man in diesem Konzern sehr harte Maßnahmen getroffen hat, um Betriebsräte loszuwerden. Ich möchte nun ganz kurz erzählen, wie es einem Betriebsrat geht, der praktisch draußen steht.

Ich hatte schon erwähnt, dass ich fast 23 Jahre im Betrieb gearbeitet habe, genauer gesagt als technischer Leiter im mittleren Management. Es gab eigentlich nie größere Probleme mit der Geschäftsleitung und auch nicht mit der Konzernleitung. Ich stand immer in sehr guter Verbindung mit beiden Führungsebenen. Ich habe bereits fünf Geschäftsführer überlebt, und das in den letzten beiden Jahren. Sie waren alle aus deutschen Niederlassungen der Atlanta-Gruppe, die abgelöst worden sind, weil sie nicht gut genug waren für den

Konzern. Angeblich hätten sie kein Konzerndenken gehabt. Im April des heurigen Jahres hat man uns einen „Rationalisierer" aus Deutschland geschickt, Herrn Karl Wilhelm H. Mit diesem Herrn haben die Probleme begonnen. Die ersten vier Wochen waren nicht so schlimm. Er hat zuerst einmal abgetastet, was er verändern könnte. Ich war eigentlich immer auf der Seite der Schwachen. Das ist ein Charakterzug von mir. Ich habe auch immer unsere Rechte verteidigt und versucht, ein möglichst gerechter Betriebsrat zu sein. Der Betriebsrat eines Unternehmens ist ja wie ein Auffangbecken. Wenn ein Unternehmer vernünftig wäre, würde er wünschen, einen Betriebsrat zu haben, weil dieser sehr viel seiner Probleme abdeckt, da er ja die Sorgen der Mitarbeiter übernimmt, sie verarbeitet und in einer gefilterten Form weitergibt und schließlich bereinigt. Das verstehe ich eigentlich unter der Hauptaufgabe des Betriebsrats. Die Konzernleitung in Bremen hat zu mir gesagt, dass sie froh ist, einen Betriebsrat zu haben.

Bis zu dem Tag, wo eben dieser „Rationalisierer", Herr H., gekommen ist. Er wollte mich einfach loswerden. Es gab dafür keinen Grund. Aber wenn man einen Grund sucht, findet man ihn auch – in meinem Fall im Arbeitsrecht. Man hat gleich den erstbesten Paragraphen genommen – nämlich „erhebliche Ehrverletzung" – und hat mich auf Grund dessen mehr oder weniger fristlos entlassen. Dieser Entlassung ist ein Hausverbot vorangegangen und auch eine Suspendierung bei der Firma Ahorner, wo ich ja auch gearbeitet habe. Ich hatte da in letzter Zeit einen großen Umbau geleitet, und wir sollten eigentlich heuer fertig werden. Das ist auch in meiner Abwesenheit passiert. Nur kam es dann so, dass Herr H. unsere Gesetze und unsere Verfassung mit Füßen getreten hat. Er hat mir in einem Vieraugengespräch wortwörtlich gesagt: „Scheißen Sie auf Ihre Gesetze. Jetzt heißt das Gesetz Karl H."

Diesem Eklat sind bereits einige Ereignisse vorangegangen. Wir haben schon vorher gespürt, dass der Betriebsrat mehr oder weniger systematisch abmontiert werden wird. Die Geschäftsleitung hat – praktisch über Nacht – unsere Kollegen einfach in andere Arbeitsverhältnisse genommen, ohne uns zu informieren. Die Urlaube wurden aliquotiert oder ganz gestrichen. Ich als Betriebsratsvorsitzender hatte natürlich die Pflicht, dagegen sofort mein Veto einzulegen. Ich habe heftigst protestiert. Ich versuchte am Anfang dieses Jahres, zusammen mit Arbeiterkammer und Gewerkschaft die Führungsriege im Betrieb umzustimmen. Wir haben Briefe geschrieben und Gesetzesauszüge zusammengesucht. Als ich meine Argumente vorlegte habe ich immer wieder dasselbe gehört: Der Tenor lautete: „In Deutschland haben wir das auch nicht.“

Die Geschäftsführung in Österreich wurde leider entmachtet und ist es heute noch. Der handelsrechtliche Geschäftsführer muss zu jedem Gerichtsverfahren hingehen. Er wird einfach vorgeschoben, während sich Karl H. im Hintergrund hält. Geld spielt keine Rolle hat mir H. gesagt: „Mir ist es egal, wie viele Millionen das kostet, und wenn es sein muss, schließe ich sogar den Betrieb. Ich habe in Deutschland schon etliche Prozesse gewonnen, denn ich bin ein alter Gerichtsfuchs.“

In dieser Tonart ist man mit uns umgesprungen. Ich habe dann noch einmal versucht, das Ganze ins Lot zu bringen und habe weiterhin das Gespräch gesucht, aber es war einfach unmöglich. Die Geschäftsführung hatte in einer Betriebsstätte Kollegen von Ahorner und Fruchtunion beschäftigt. Damit der Betriebsrat bestehen bleibt, haben wir mit der Gewerkschaft vereinbart, dass wir sofort Betriebsratswahlen durchführen. Wir haben dann sofort eine Neuwahl im Sinne einer vorgezogenen Betriebsratswahl durchgeführt – und zwar in einem vermischten Verhältnis. Als die Wahlkundmachung zur Wahl des Wahlvorstandes ausgehängt wurde, hat man diese sofort in allen Betriebsstätten weggerissen.

Ich habe natürlich schärfstens dagegen protestiert und habe die Kundmachung neuerlich ausgehängt, worauf ich mit dem Hinweis belächelt wurde, dass es so etwas in Deutschland nicht gäbe. Dort müsse man erst fragen, ob man das dürfe. Ich machte wiederum auf unsere Gesetze aufmerksam und dass wir nicht in Deutschland, sondern in Österreich sind, aber es hat uns nicht sehr viel geholfen. Dann habe ich mit Hilfe von Gewerkschaft und AK versucht, etwas gegen die Urlaubsaliquotierungen zu unternehmen, damit zumindest den Kollegen der Urlaub nicht weggenommen wird. Es gab Mitarbeiter mit 140 Tagen Urlaub. Diese sind nicht freiwillig nicht in Urlaub gegangen, sondern waren durch zu viel Arbeit und die Notwendigkeit von Überstunden am Genuss ihres Urlaubs gehindert. Das habe ich auch dargelegt. Aber wieder wurde ich mit dem Hinweis auf die deutsche Rechtslage vertröstet. Die betroffenen Kollegen hatten sich an mich gewandt, und ich habe geglaubt, dass ich durch meine Funktion als Betriebsrat besonders geschützt sei. Dem war aber nicht so, und so bin ich nach meiner Entlassung zum Bezirksgericht gegangen.

In der Zwischenzeit hat man auch unseren Betriebsratskasten in einer Nacht- und Nebelaktion einfach brutal entfernt. Ich hatte daher keine Unterlagen und damit keine Beweise mehr in der Hand. Man hat mir auch das ganze Büro ausgeräumt und alles weggenommen, was dort untergebracht war. Ich habe nur mein Tagebuch und einen alten Kalender behalten dürfen. Ich musste also meine Recherchen mehr oder weniger aus dem Gedächtnis rekonstruieren, um etwas in der Hand zu haben und den Prozess fortführen zu können. Mir selbst wurden letztlich fünf Gerichtsverfahren angehängt und sogar eine zweite Entlassung nachgeschoben, weil ich so frech war, mir eine einstweilige Verfügung zu besorgen.

Zurzeit muss ich von draußen arbeiten. Ich komme fast jeden Tag in den Betrieb, versuche hineinzugehen und meine Betriebsratsarbeit fortzuführen. Aber es dauert meist nicht lange, dann kommt die Geschäftsführung – meistens in einer größeren Abordnung –, um mich zu entfernen. Beim ersten Mal ist es sogar handgreiflich geworden. Da ist mir dieser Karl H. fast an den Hals gesprungen. Er hat mich dann bei der Hand genommen und wollte meine Unterlagen wegnehmen und zerreißen. Bei anderen Malen wurde ich provoziert, indem man mir den Zigarettenrauch ins Gesicht blies.

Pilz: Wer unterstützt Sie? So wie Sie das geschildert haben, sieht das aus, als wäre es eine einzelkämpferische Existenz, die Sie jetzt führen. Wer aus dem Betrieb und wer von Seiten der Gewerkschaft hilft Ihnen in Ihrem Kampf?

Siwiec: Von Seiten der Gewerkschaft bekam ich besonders große Unterstützung vom GPA-Sekretär Manfred Wolf. Dieser GPA-Sekretär bemüht sich wirklich. Gleichzeitig aber ich möchte auch erwähnen, dass man in so einem Fall noch mehr Zusammenarbeit braucht. Nicht nur die kleinen Sekretäre sollten sich einsetzen, sondern es bräuchte auch die Unterstützung seitens der Gewerkschaftsspitze. Hier gäbe es sicherlich Möglichkeiten, den Prozess zu beschleunigen. Auch in der AK habe ich große Unterstützung bekommen. Joachim Preiss von der sozialpolitischen Abteilung der AK Wien hat mich dabei besonders unterstützt.

Wir müssen aber weiter versuchen, mehr zwischen Betriebsrat, AK und Gewerkschaft zu kooperieren, um die Sache zum Abschluss zu bringen. Es liegt ja nicht an uns allein, denn die Gerichte sind relativ langsam. Die Gerichtsverfahren werden ständig verschoben.

Ein Verfahren haben wir schon dreimal verschoben. Die Gegenseite versucht mit allen Mitteln, den Prozess zu verzögern. Da wird einfach behauptet, dass der Geschäftsführer oder der Anwalt keine Zeit hätten und so versuchen sie uns, mürbe zu machen. Ich bin jetzt fast sechs Monate weg vom Unternehmen, und man wird langsam schwächer. Ich hätte nie gedacht, dass man so viel von seiner Substanz verlieren kann. Ich spüre deutlich, dass ich jetzt nicht mehr die Kraft habe, die ich am Anfang hatte.

Pilz: Ich finde es schon sehr bemerkenswert, dass Sie bis jetzt sechs Monate drangeblieben sind. Herzlichen Dank, Kollege Siwiec, wir werden auf Ihren Fall in der Diskussion sicher noch zurückkommen. Nun möchte ich das Wort an Herrn Leitgeber weitergeben. Herr Leitgeber, hätte es bei Ihnen auch so weit kommen können?

Michael Leitgeber: Ich denke, dass dies auch in meinem Fall hätte passieren können. Ich habe mich bis vor dem Statement von Gerhard Siwiec noch zu den gegeißelten Betriebsräten gezählt. Nach Gerhards Referat muss ich sagen, dass die Arbeiterkammer oder die Gewerkschaft „Cosmos mit Köck-Service" im Vergleich dazu zum Paradeunternehmen wählen könnte *(Lachen).* Aber ich würde nicht hier sitzen, wenn das wirklich so wäre.

Nun zu meiner Geschichte: Im Unternehmen „Cosmos mit Köck-Service" gab es 35 Jahre lang keinen Betriebsrat. Die Firma Köck war lange Zeit eigenständig. 35 Jahre lang wurde mit allen Mitteln verhindert, dass irgendjemand das Wort „Betriebsrat" auch nur in den Mund nahm. Jeder, der es erwähnte, wurde noch am gleichen Tag gekündigt. Ich habe selbst etliche Kollegen erlebt, die einen Betriebsrat wählen wollten. Es hat dann meist keine drei Stunden gedauert, bis dieser Kollege aus der Firma entfernt worden ist. Natürlich wurde die Kündigung nicht als Motivkündigung ausgesprochen. Die Begründungen waren ganz unterschiedlich: Unerlaubtes Entfernen vom Arbeitsplatz ist abgeändert auf normale Dienstgeberkündigung worden, weil rationalisiert wird oder kein Bedarf mehr besteht oder ein ähnlicher Vorwand. Dabei gab es nie eine fristlose Entlassung.

Mein Kollege Werner Schmid und ich selbst sagten uns dann eines Tages, dass wir einen Betriebsrat im Unternehmen brauchen, weil wir uns die dortigen Zustände nicht mehr gefallen lassen dürfen. Mit Unterstützung von Franz Steindler vom ÖGB und der GPA haben wir ein halbes Jahr ganz geheim und wirklich auch mit der Angst, den Arbeitsplatz zu verlieren, die Vorbereitungen für die Betriebsratswahl durchgeführt. Die BAWAG – als Miteigentümer unseres Unternehmens – hat bis dahin auch kein Interesse gezeigt, uns zu unterstützen. Die Bank wurde aber dann von ÖGB und GPA gemeinsam überzeugt, diese Wahl zu unterstützen und ihren Einfluss auf die Geschäftsführung auszuüben. Wir haben es dann auch wirklich geschafft. Es gab zwar Hindernisse und auch einige Eklats bei der Wahl. So hat ein leitender Angestellter versucht, uns die Wahlkuverts aus der Hand zu reißen und zu öffnen. Aber im Endeffekt haben wir die Wahl abgehalten.

Die Wahlbeteiligung war mit ca. 40 Prozent nicht sehr hoch. Aber man muss hier sagen, dass es damals österreichweit 17 Filialen gegeben hat. Es war eine Briefwahl, wobei nur in der Zentrale in Brunn am Gebirge direkt gewählt wurde. Wir hatten dennoch Erfolg und die Wahl wurde auch nicht angefochten. Zu dem Zeitpunkt, als wir glaubten, dass nun eine Basis vorhanden wäre, um mit der Arbeit zu beginnen, wurden wir enttäuscht. In der Zwischenzeit haben wir leider erkennen müssen, dass nur auf Grund der Betriebsratstätigkeit die Geschäftsführung nicht gleich jeden Wunsch erfüllt.

Wir hatten ja damals noch keine Schulung. Unser Wissen beschränkte sich zu dieser Zeit auf ein Gesetzesbuch des Kollegen Franz Steindler. Damit mussten wir am Anfang auskommen, und das war auch die Basis unserer Arbeit. In der Zwischenzeit kennen wir das Arbeitsverfassungsgesetz von vorne bis hinten, da wir uns im Zuge einer Fusion der Firma Köck mit der Firma Cosmos eingehend damit beschäftigen mussten – besonders, weil es zu einer Ausgliederung und zu einer Umstrukturierung kam. Damals waren wir in Gefahr, als Betriebsratskörperschaft zu erlöschen.

Die Firma Cosmos wurde also mit der Firma Köck fusioniert. Im Zuge dieser Fusionierung kam es zu Ausgliederungen bzw. Umstrukturierungen. Fünf Filialen wurden geschlossen und eine Kündigungswelle war geplant. Wir mussten ohne konkrete Ausbildung oder Schulung alle diese Punkte in Angriff nehmen. Damals waren wir erst seit August 1997 Betriebsräte. Es war eigentlich die schwierigste Phase bis jetzt, weil das AVRAG (Arbeitsverfassungsrechts-Anpassungsgesetz) noch nicht ausjudiziert war, daher waren viele Punkte offen, und in Rechtsgutachten wurden verschiedene Meinungen an uns weitergegeben, wie wir als Betriebsrat vorgehen könnten. Wir haben die Kündigungen zum Teil verhindert und die Kollegen in anderen Filialen untergebracht. Wir haben sie auch nach Absprache mit Betriebsräten anderer Firmen in deren Betrieben untergebracht, z. B. bei Siemens. Wir konnten zwar nicht für alle gekündigten Kollegen neue Arbeitsplätze besorgen, aber doch für einen Großteil von ihnen. Leider wurde im Zuge der Umstrukturierung bei uns eine neue Geschäftsführung installiert, die nicht sehr betriebsratsfreundlich agiert hat. Während und nach der Fusion war die Rechtsunsicherheit so groß, dass wir nach knapp zwei Jahren wieder eine Betriebsratswahl machen mussten. Und das in einem Unternehmen, wo wir 40 Prozent der Belegschaft nicht einmal gekannt haben. Die gesamte Firma Cosmos war uns einfach unbekannt. Wir hatten auch keinen Kontakt mit den Kollegen dort. Die Geschäftsführung hat uns deutlich gemacht, dass uns nur die Firma Köck etwas anginge, weil wir dort gewählt wurden, nicht aber die Firma Cosmos. Die Gesamtwahl ging aber dann doch gut aus. Wir haben auf Grund der Arbeitnehmerzahl – heute sind es knapp über 1.000 Arbeitnehmer, damals waren es weniger – die Betriebsratskörperschaft von 8 auf 12 Mandate ausgebaut. Jetzt sind wir so weit, dass die Betriebsratskörperschaft bei den Kollegen, die vorher nicht einmal das Wort „Betriebsrat“ definieren konnten, so anerkannt ist, dass viele Kollegen in den Bundesländerfilialen sagen, wie froh sie sind, einen Betriebsrat zu haben.

Es hätte viel schlimmer ausgehen können, wenn damals kein Betriebsrat installiert worden wäre. Damals war genau der richtige Zeitpunkt. Es war vor der Wahl so, dass vielfach Einzelvereinbarungen üblich waren, die extrem zu Lasten der Arbeitnehmer ausgelegt wurden, und die man unterschreiben musste, wenn man den Job behalten wollte.

Pilz: Was waren eigentlich die Argumente von Köck durch all die 35 Jahre, wo es keinen Betriebsrat gegeben hat? Wovor hatte Köck Angst? Was hätte der Betriebsrat durchsetzen können, was die Firma nicht wollte?

Leitgeber: Der Eigentümer, Herr Walter Köck, sah sich selbst als Betriebsrat. Wenn jemand Probleme hatte, sollte er zu ihm persönlich kommen; er brauche keinen Betriebsrat. Man muss aber wirklich auch dazu sagen, dass damals Leistungen auch als Leistungen anerkannt und bezahlt wurden. Nur wenn Sonderleistungen von den Mitarbeitern erbracht werden sollten, dann mussten die Leute auch dementsprechend arbeiten. Eine 50-Stunden-Woche ist da durchaus möglich gewesen. Da gab es keinen Kollektivvertrag und kein Arbeitsrecht, weil Köck einfach verlangt hat, dass die Leute da sein müssen. Aber sie wurden wenigstens bezahlt dafür. Wenn schon ein Gesetzesbruch, dann wenigstens ein bezahlter! In der Zwischenzeit ist es so, dass sich alles verändert hat. Wir hatten extreme Rationalisierungsmaßnahmen auf Grund der Umstrukturierungen. Der Konkurrenzdruck ist im Elektrohandel sehr groß. Mediamarkt-Saturn ist die absolute Nummer eins in Österreich. Wir sind die Nummer zwei mit 21 Filialen und müssen um Marktanteile kämpfen. Von den Gewinnen brauche ich gar nicht zu reden. Es geht momentan rein um den Umsatz. Und alle diese wirtschaftlichen Schwierigkeiten gehen leider zu Lasten des Personals.

Pilz: Wenn ich Sie richtig verstanden habe, hat es früher einen Patriarchen gegeben. Es gab zwar überhaupt keine Demokratie, aber man hat wenigstens ein Gegenüber gehabt. Früher war es gegen das Gesetz, aber wenigstens bezahlt. Heute ist es gegen das Gesetz und wird nicht bezahlt?

Leitgeber: Ganz richtig – so kann man es betrachten. Ich glaube, dass das ein Flächenbrand ist, der sich da immer mehr anbahnt. Das gilt nicht nur für unsere Firma, das ist weit verbreitet. Viele Betriebsratskollegen haben mir das auch bestätigt. Wir kämpfen eigentlich nicht um irgendwelche Neuerungen, Verbesserungen oder Sozialleistungen, die wir gerne hätten, sondern wir müssen bereits für das kämpfen, was eigentlich unser gesetzlich verankertes Recht ist. Dafür kämpfen wir! Ich glaube auch, dass die Belegschaft keine Chance hat, so wie früher mit Einzelvereinbarungen und mit Einzelgesprächen ihre Rechte einzufordern. Es war vor drei oder vier Jahren sicherlich noch leichter, für einen Kollegen mit gut ausgeprägten rhetorischen Fähigkeiten seine Argumente beim Filialleiter durchzubringen und eine Gehaltserhöhung oder anfallende Prämien selbst einzufordern. Das ist heute vielfach vorbei.

Pilz: Was würden denn Ihre Mitarbeiter vom System der Vertrauensleute halten?

Leitgeber: Nichts, absolut nichts! Wir haben das sehr wohl diskutiert. Wir machen zweimal im Jahr eine große Runde quer durch Österreich bis Hohenems nach Vorarlberg. Wir sprechen dieses Modell natürlich an und werden auch immer wieder darauf angesprochen. Es ist mit Sicherheit die Mehrheit, die dieses Modell ablehnt, weil die Kollegen wissen, dass sie von uns und den Interessenvertretungen eine wirkliche Rückendeckung haben und dass wir weit mehr Möglichkeiten haben, Ansprüche, die uns zustehen, durchzusetzen. Die Kollegen wissen, dass wir sie als Handelsangestellte und damit unsere Kollegen sehen, eben als Menschen und nicht als Personalnummern.

Pilz: Vielen Dank, Herr Leitgeber. Ich danke Ihnen besonders, weil es wichtig ist zu sehen, wie das Eintreten für Kollegen auch unter den schwierigsten Bedingungen gut gehen kann und dass es Sinn macht, für den Aufbau von Strukturen zu kämpfen.

Ich möchte mich jetzt an Herrn Steinmetz wenden. Er kommt aus Oberösterreich, ist bei der Gewerkschaft Metall-Bergbau-Energie und hat viel Einblick in mittlere und kleine Betriebe. Wenn Sie sich das anhören, ist das für Sie eine fremde Welt, die da in Niederösterreich herrscht, oder könnten solche Beispiele auch im Mühlviertel passieren?

Toni Steinmetz: Ich denke, das ist alltägliches Brot für einen Gewerkschaftssekretär, der Betriebe betreut und Betriebe organisiert. Zuerst möchte ich eingangs ein paar Worte zu meiner Tätigkeit sagen:

Ich bin für die Region Mühlviertel zuständig, und zwar für 41 Betriebe mit Betriebsräten. In zwölf davon gibt es auch Jugendvertrauensräte. Acht davon sind Textilbetriebe, weil wir Metaller und Textiler demnächst fusionieren werden. Ebenfalls acht davon sind Industriebetriebe, vorwiegend Elektroindustrie mit vielen Frauen als Beschäftigte. Dazu kommen noch ein Bergbaubetrieb, zwei Donaukraftwerke und 23 Gewerbebetriebe. Das sage ich deswegen so genau, weil gerade in den Gewerbebetrieben die Organisation wesentlich schwieriger und anstrengender ist.

Trotzdem gibt es auch Gewerbebetriebe mit 100 Prozent gewerkschaftlicher Organisation, dazu zählen auch drei Betriebe in meinem Bereich. Zu den Betriebsratsgründungen habe ich deswegen besonderen Zugang, weil ich 1997 das Glück hatte, dass sich in vier Betrieben die Frage einer Betriebsratsgründung stellte. In drei dieser Betriebe ist dies gelungen. In dem Betrieb, wo es nicht gelungen ist – und auch in zwei anderen –, hat das jeweils einem Kollegen den

Arbeitsplatz gekostet. Das ist in den 90er-Jahren in Mitteleuropa und auch in Österreich traurige Realität.

Wir sind zu Gericht gegangen und haben diese Fälle wegen Motivkündigung angefochten. Es kam jedes Mal zu einem Vergleich, weil im Betrieb weiterzuarbeiten für die Betreffenden immer ein schwieriges Unterfangen ist. Und da sagen sich die Arbeitnehmer: „So bekomme ich noch meine Abfertigung und einiges an Geld drauf" – und damit ist der Fall erledigt. Nur in einem Fall sind wir nicht zu Gericht gegangen. Das war bei der Firma Hauser, zu der ich dann Näheres sagen werde. In diesem Fall war die Firma bereit, eine hohe Summe dafür auszugeben, dass der Kollege nicht mehr in den Betrieb als Betriebsrat zurückkommt.

Wie alltäglich das ist, zeigt Folgendes: Vor vierzehn Tagen habe ich wieder das Glück gehabt, in einem Betrieb einen Betriebsrat neu zu errichten. Wir haben dafür zwei Betriebsversammlungen gebraucht, und einmal haben sich die Leute unter sich zusammengesetzt, weil die Chefin als Angestellte bei dieser ersten Betriebsversammlung auch dabei war. Der Chef hat geglaubt, wir stimmen darüber ab, ob es einen Betriebsrat gibt oder nicht. Weil eben keine Abstimmung stattgefunden hat, nennt mich der Chef seitdem „wortbrüchig", obwohl er selber wissen müsste, dass dies nicht dem österreichischen Wahlrecht entspricht, weil er ja selbst Mandatar ist. Ich habe ihm gesagt: „Stellen Sie sich vor, Sie als Gemeinderat machen in der Bevölkerung eine Abstimmung darüber, ob wir Sie überhaupt noch wählen sollen."

Solche Dinge passieren jedenfalls. Ich darf jetzt auch wegen eines anderen Vorfalls nicht mehr in den Betrieb gehen. Wir waren mit dem Infobus dort und wollten die Leute, die noch nicht dabei sind, zur Gewerkschaft werben. Wir sind daraufhin einfach aus dem Betrieb geworfen worden. So sieht die Realität in manchen Bereichen aus. Ich sage absichtlich in manchen Bereichen, denn es gibt umgekehrt auch Betriebe und Unternehmer, die sehr wohl wissen, was ein Betriebsrat bedeutet und sehr zugänglich und offen sind.

Konkret möchte ich die Beispiele zweier Firmen bringen. Die Erste ist die Firma „Hauser Kühlanlagen" mit Standort in Linz und einer Produktionsstätte in St. Martin im Mühlkreis. Eine weitere Fabrik gibt es gleich hinter der Grenze in Tschechien. Für die Produktion besteht hier durchaus ein gewisser Verlagerungsdruck. Bei der Firma Hauser sind ungefähr 15 bis 20 Leute zur Arbeiterkammer in Rohrbach gekommen und haben gesagt: „Bei uns will der Chef flexible

Arbeitszeit einführen", was bedeutet hätte, dass keine Überstundenzuschläge mehr bezahlt worden wären. Nachdem es dort einige Kollegen gibt, die nicht zuletzt auf die Überstundenzuschläge angewiesen sind, waren auch diejenigen dabei, die sonst eher nicht so für einen Betriebsrat sind. Denn hierbei ging es um ihr eigenes Geldbörsel. Bei dieser Versammlung haben wir beschlossen, eine Betriebsversammlung einzuberufen, weil man von außen so etwas nicht wirklich effizient angehen kann. Da braucht es doch einen Betriebsrat. Das haben die Kollegen dann auch eingesehen, und wir haben das durchdiskutiert. In der Arbeiterkammer in Linz organisierten wir eine Betriebsversammlung. Zu meiner Überraschung waren zwei Drittel der Beschäftigten anwesend, und wir führten die Betriebsratswahl durch. Damit haben die Probleme angefangen. Das begann mit dem Herunterreißen der Wahlkundmachung durch den Chef und ging bis hin zu Schreiduellen und anderen Drohgebärden wie etwa, dass er sich die Leute einzeln in sein Büro holte, um sie einzuschüchtern. Manche Vorfälle spielten sich im Betrieb selbst ab. Der Chef dort ist sehr patriarchalisch. Er hat die Firma aufgebaut, und sie ist sein Ein und Alles. Die Gewerkschaft braucht er nicht, wie er meint.

Pilz: Was kann denn ein Firmenchef dagegen haben, dass es eine gesetzlich verbriefte Vertretung der Mitarbeiter gibt? Das wäre ja an sich der Normalzustand, dass es da einen Betriebsrat geben sollte.

Steinmetz: Er ist der Chef, das genügt bei Herrn Hauser, das ist eben so sein Charakterzug. Andere Chefs haben andere Motive, die schwer zu beschreiben sind. Das geht vom Kostenargument wie z. B. „Die Schulungen kosten so viel. Wir können uns das nicht leisten, wenn ein Beschäftigter nicht da ist. Außerdem haben wir ohnehin ein gutes Betriebsklima. Zu mir kann sowieso jeder kommen." Diese Argumente sind nicht unbekannt, wie ich glaube. Solche Vorfälle sind an der Tagesordnung. Und als wir uns die Firma Hauser näher angesehen haben, entdeckten wir dort einiges, was nicht stimmt. Die Gesetze und der Kollektivvertrag sind entgegen den Behauptungen von Herrn Dr. Hauser bei weitem nicht eingehalten worden. Das betraf Lohneinstufungen über die Montagebestimmungen bis zur Arbeitszeit. Die sechste Urlaubswoche hat es gar nicht gegeben. Auch Urlaubsabzüge kamen vor, weil sich die Buchhaltung beim Urlaubskonto verrechnet hat. Es gab also laufend Verstöße gegen Gesetz und Kollektivvertrag.

Das ist typisch für manche Betriebe. Auch bei den anderen Betrieben ist es immer so gewesen, dass die Leute erst gekommen sind, wenn es ein Problem gegeben hat, sei es, dass die Lohnauszahlung nicht in Ordnung war, dass flexible Arbeitszeiten eingeführt werden sollten oder andere Dinge im Betrieb einfach nicht funktioniert haben. Dann kamen die Leute zu uns, und es war leichter möglich, einen Betriebsrat zu gründen.

Bei der Firma Hauser haben wir schließlich doch einen Betriebsrat gewählt. Von einem Mitglied davon hat sich der Chef eingebildet, dass er der Rädelsführer sei. Das war zwar nicht so, aber er hat es geglaubt, worauf er ihm Hausverbot erteilte. Aber der Kollege kam trotzdem fast jeden Tag in die Firma. Die Kündigung hat er ebenfalls bekommen. Zu diesem Zeitpunkt war er bereits Wahlvorstandsmitglied, daher war eine Kündigung nicht mehr möglich. Aber die rechtliche Situation war dem Chef egal. Zu dem Kollegen sagte er einfach: „Du kommst da nicht mehr herein."

Ich selbst habe heute noch Hausverbot, gehe aber trotzdem weiter in den Betrieb. Der genannte Kollege war über ein halbes Jahr zu Hause, und erst dann haben wir zu einer einvernehmlichen Lösung gefunden. Zum Glück haben alle Kollegen, die wegen einer Betriebsratsgründung den Arbeitsplatz verloren haben, wieder einen Arbeitsplatz mit etwa derselben Entlohnung gefunden. Darüber bin ich persönlich sehr froh, denn wenn man als Sekretär den Verlust des Arbeitsplatzes miterlebt, dann fragt man sich, ob man noch weiter Betriebe organisieren soll oder nicht.

Der Firma Hauser ist die einvernehmliche Lösung auf jeden Fall teuer gekommen. Es bestand dann die Gefahr, dass der Chef sonst den Nächsten und Übernächsten auch hinauskauft. Das war ihm dann doch zu teuer, und er hat sich diese Vorgangsweise wieder abgewöhnt. Dann hat er sich durchgerungen zu sagen: „Gut, es gibt eine Betriebsratswahl, aber ich rede nicht mit dem Betriebsrat, weil mich der nicht interessiert. Ich rede mit meinen Leuten selber."

Nachdem wir ihm dann ein paar Mal gesagt haben, dass das so nicht geht, hat er gesagt: „Ich rede mit dem ‚Betriebsratssprecher', aber nur mit ihm, und ohne Gewerkschaft und ohne irgendwen." Das ist im Zusammenhang mit einer Betriebsvereinbarung zur flexiblen Arbeitszeit nicht so leicht möglich. Vor allem auch, weil der Betriebsrat gerade frisch gewählt war und ihm ohne Schulungen noch das Wissen fehlte. Wir wollten unseren guten Willen zeigen. Wir sind sogar am Samstag Vormittag und auch am Abend zu den Verhandlungen gekommen, um unseren guten Willen zu demonstrieren – also auch außerhalb der Arbeitszeit.

Pilz: Was war Ihre offizielle Rolle in diesem Zusammenhang?

Steinmetz: Meine Aufgabe war es, die Organisation der Betriebsratswahl durchzuführen. Außerdem betreute ich den Wahlvorstand und die Kollegen, die kandidierten. Ich bin auch heute noch für die Betreuung dieses Betriebsrates zuständig.

Die Geschichte ging aber noch weiter: Mit Verhandlungen war nichts zu erreichen, und eine Menge von kollektivvertraglichen Punkten war noch offen. Es war schließlich überhaupt kein Gespräch mehr möglich. Eine Verhandlung am Samstag ist geplatzt, weil Herr Dr. Hauser nicht mit uns reden wollte. Wir haben dann beschlossen, für Montag früh eine Betriebsversammlung einzuberufen. Bereits um 7 Uhr standen in St. Martin zwei Autobusse bereit. Die Kollegen sind in den Bus gestiegen und sind – statt zu ihrem Arbeitsplatz zu gehen – nach Linz in den Hauptbetrieb gefahren. Dort sind sie um 7.45 Uhr mit Bierbänken einmarschiert und haben die Halle besetzt. Auf Pinnwänden haben wir unsere Forderungen bzgl. Einhaltung des Kollektivvertrages angebracht. Die Betriebsversammlung dauerte einen halben Tag. Sein Geschäftsführer musste diese Situation ausbaden.

Die Betriebsversammlung hat die Firmenleitung sehr irritiert, aber sie haben das Zeichen verstanden, nachdem wir auch bei Gericht waren. Wir haben das Wirtschaftsgespräch, das monatlich erfolgen sollte, nach § 108 ArbVG einklagen müssen. Die Herausgabe des Jahresabschlusses und die Lohneinstufungen haben wir auch eingeklagt. In allen drei Belangen waren wir bisher erfolgreich. Es gab zwar bisher noch kein Urteil, weil Hausers Anwalt ihm empfahl, besser einzulenken. Auch bei den Lohneinstufungen gab Hauser nach, denn gerade dort fehlte es bei manchen Leuten wirklich um Einiges. Die Monteure bekamen um Einiges mehr beim Stundenlohn. Auch andere Arbeitnehmer, die dieselbe Tätigkeit machen und dort beschäftigt sind, aber nicht geklagt haben, haben die Zahlungen von der Firma dadurch auch bekommen.

Wir haben aber bislang noch keine Unterschrift von Herrn Dr. Hauser, denn das ist so eine Taktik von ihm. Vereinbarungen unterschreibt er nicht so leicht. Aber er hat immerhin bezahlt und momentan sind wir in St. Martin in Verhandlung, die Lohneinstufungen richtig hinzukriegen, wobei sich da eher wieder ein Kompromiss abzeichnet, weil wir rechtlich nicht so gesichert auftreten können. Zurzeit führen wir noch einen Kampf betreffend einer Arbeitszeit-Betriebsvereinbarung. Der Betriebsrat ist hier sehr gefordert, es ist nicht so leicht, das geht an die Nerven.

Ich möchte nun ein kurzes Gegenbeispiel bringen, nämlich das der Firma Internorm in Sarleinsbach. Es besteht ein Arbeiter- und ein Angestelltenbetriebsrat, und von den 425 Arbeitern waren damals 62 Gewerkschaftsmitglieder. Es ging auch dort um flexible Arbeitszeit. Die Firmenleitung ist sehr modern, das Management ist aufgeschlossen und tritt direkt an die Beschäftigten heran. Es gibt ein „Forum der Meinungen", wo sich der gesamte Vorstand und die Betriebsleitung der Diskussion und Kritik stellen. Es herrscht dort ein sehr offener Umgang miteinander.

Bei Internorm ging es um die Einführung von flexibler Arbeitszeit. Der Betriebsrat wurde kurz vor der Betriebsversammlung darüber informiert, was geplant ist. Für denselben Tag war die Betriebsversammlung festgesetzt. Dort hätte man seitens der Firmenleitung das Arbeitszeitmodell präsentiert, die Leute darüber abstimmen lassen und im Nachhinein hätte man die Betriebsvereinbarung gemacht. Der Betriebsrat wurde auf diese Weise ins Eck gedrängt.

Inzwischen fanden dort Betriebsratswahlen statt. Die erste Aufgabe des neuen Vorsitzenden war es, Gewerkschaftsmitglieder zu werben. Wir kamen von den 16 oder 17 Prozent, die es damals gab, auf mehr als 70 Prozent ÖGB-Mitglieder. Der Umgang mit dem Betriebsrat ist dort seither ganz anders, er wird wahrgenommen und man schätzt ihn. Es passiert ohne Betriebsrat nichts mehr, auch weil er durch gute Schulungen ein fundiertes Auftreten hat. Zurzeit ist ein Lohnsystem in Ausarbeitung, das inhaltlich für unsere Gewerkschaftsarbeit richtungsweisend sein wird. Das bedeutete eine intensive Zusammenarbeit mit dem Betriebsrat über ein Jahr hinweg. Er hat immer wieder korrigiert und dabei mitgearbeitet. Das Ergebnis lässt sich präsentieren.

Abschließend möchte ich betonen, dass man Betriebsräte nicht dadurch gewinnt, indem man Mailings ausschickt, sondern es bedarf wesentlich mehr, vor allem einer intensiven persönlichen Betreuung und einer persönlichen Verbundenheit, um nicht zu sagen einer Freundschaft zwischen den Kollegen. Ganz wichtig ist auch die Wahlbeteiligung, die sich die Chefs genau anschauen – ebenso wie die Anzahl der Gewerkschaftsmitglieder, die Bildung der Betriebsräte und die Verbundenheit mit der Gewerkschaft. Und dieser Mix muss stimmen, damit ein Betriebsrat erfolgreich starten und arbeiten kann.

Pilz: Herr Steinmetz, vielleicht sollten Sie einmal einen reitenden Boten von Sarleinsbach nach St. Martin, von der Firma Internorm zur Firma Hauser schicken. Vielleicht lernen die dann, dass man sich nicht nur vor dem Betriebsrat fürchten muss, sondern auch kooperieren kann. Dass man auf Unternehmerseite voneinander lernen könnte, das wäre vielleicht auch eine Denkvariante.

Wir kommen nun nach Kärnten. Bei den bisher gehörten Beispielen geht es ja gar nicht um diese neuen Arbeitssituationen, wie sie durch Globalisierung und Flexibilisierung entstanden sind. Im Grunde muss bereits ein Abwehrkampf gegen den Verlust von Rechten und gesetzlich verbrieften Möglichkeiten geführt werden, von dem man meinen könnte, er wäre nicht mehr angesagt. Frau Brandhuber, was spielt die Gewerkschaft für eine Rolle in dieser Situation?

Jutta Brandhuber: Zunächst herzlichen Dank für die Einladung. Ich bin in letzter Zeit öfters bei Vorträgen oder solchen Veranstaltungen. Aber in diesem Haus ist es mir eine besondere Ehre, am Podium zu sitzen, weil ich selbst Hörerin im 44. Jahrgang war. Daher habe ich mich sehr gefreut, als ich diese Einladung erhielt.

Mein Name ist Jutta Brandhuber, ich bin seit zwölf Jahren in der Gewerkschaft der Privatangestellten tätig und seit zirka drei Jahren bin ich in Kärnten Landessekretärin. Ich möchte nun das Thema grundsätzlich angehen. Natürlich hätte auch ich viele Geschichten im Rahmen meiner eigenen Erfahrung, denn was wir bisher gehört haben, sind keine Einzelfälle.

Ich habe am 28. November in der Kärntner Tageszeitung einen Artikel oder eine Glosse gefunden, die der Redakteur Bernhard Torsch verfasst hat, und ich glaube, sie trifft den Grundtenor und die Grundstimmung der letzten Zeit. Er schreibt, dass sich in den Medien in letzter Zeit die Unsitte eingeschlichen hat, Gewerkschaften herunterzumachen. Dort ist es schon an der Tagesordnung, dass im Zusammenhang mit der Gewerkschaft Begriffe wie „Dinosaurier", „unzeitgemäß" oder „unflexibel" verwendet oder dass GewerkschafterInnen als „Apparatschiks" diffamiert werden. Man kann fast von einer Kampagne sprechen, Gewerkschaften unmöglich zu machen. Früher einmal haben UnternehmerInnen hinter vorgehaltener Hand die Gewerkschaften verflucht, doch nach außen hin hat man einander respektiert. Im Rahmen der Sozialpartnerschaft hat man zum Wohl der Allgemeinheit gut zusammengearbeitet. Dadurch rückten Österreichs Unternehmen zur Weltspitze auf. Doch die Gier verdrängt immer mehr die Vernunft, und viele Unternehmer wollen jetzt ArbeitnehmerInnen einfach nicht mehr an dem gemeinsam erwirtschafteten Erfolg teilhaben lassen. Menschen werden ihrer Rechte beraubt und Gewerkschaften geschwächt, indem man ArbeitnehmerInnenvertreter, also Gewerkschafter, und auch Betriebsräte und die ArbeitnehmerInnenvertretung, die Arbeiterkammer, als „Deppen“ oder „Bremser“ hinstellt. Den Abschlusssatz von Torsch möchte ich zitieren, denn er ist für mich grundlegend: „Doch die Arbeitgeber sollten sich nicht zu früh freuen, denn der ÖGB ist fähig und willens, sich zu wehren. Und wer ein Arbeitnehmer ist, sollte ihn dabei unterstützen.“

Das Thema dieses Symposiums lautet: „Vertrauen ist gut, Betriebsrat ist besser“ bzw. „Hier beginnt die mitbestimmungsfreie Zone – Unternehmen ohne Betriebsrat“. Dabei denkt man sofort an einen Konzern wie Magna und an Frank Stronach. Doch wie wir gehört haben, ist dies kein Einzelfall. Man könnte in Österreich viele Unternehmen aufzählen, die eine ähnliche Unternehmensphilosophie haben wie Magna. Beispiele dafür sind Lutz und Tilly in Kärnten oder eben Hornbach und viele andere Unternehmen. Ich glaube man könnte diese Liste noch lange fortsetzen. Diese Thematik trifft eben nicht nur einen Konzern oder einen bestimmten Unternehmer. Hier handelt es sich um eine grundsätzliche Problematik für uns als Gewerkschaften und als ArbeitnehmerInnenvertretung. Es geht um die Mitbestimmung der Arbeitnehmer und Arbeitnehmerinnen generell, ja um Demokratie überhaupt. Die Frage, die gestellt werden muss, ist: „Welche Rolle werden Betriebsräte in Zukunft spielen, und welche Rolle werden Gewerkschaft und überhaupt Kammern in Zukunft spielen?“

Ich möchte einen Vergleich bringen, den ich in „Arbeit und Wirtschaft“ gefunden habe: Stellen Sie sich vor, man forderte die österreichische Bevölkerung mitten im laufenden Wahlkampf auf, an Stelle der bevorstehenden Stimmabgabe entsprechend dem gleichen, persönlichen, unmittelbaren und geheimen Wahlrecht, vorher darüber abzustimmen, ob der Landtag, der Gemeinderat oder Nationalrat denn überhaupt nötig seien. An Stelle der Bundesverfassung würde die von einer Partei formulierte Charta doch viel besser die Interessen der Bürger und Bürgerinnen vertreten. Es geht hier um grundlegende Fragen der Demokratie und es geht um den lockeren Umgang, den viele UnternehmerInnen – in diesem Fall Frank Stronach – damit pflegen.

Es geht um Gesetze, die Herr Stronach selbst macht, so nach dem Motto „Wer zahlt, schafft an". Und es geht um Gesetze und Spielregeln, die er selbst aufstellt und die jederzeit von ihm abänderbar sind. Die Vertrauensleute, die er fordert – das muss man wissen –, sind nicht in Aufsichtsräten vertreten und haben keine Einsicht in Geschäftsunterlagen. Und obwohl es in Österreich eine gesetzliche Basis der ArbeitnehmerInnenmitbestimmung gibt, negieren solche UnternehmerInnen diese gesetzlichen Bestimmungen. Ich denke, diese Thematik ist ja eigentlich gar nicht neu, die gibt es ja schon jahrelang. Ich bin jetzt schon zwölf Jahre in der Gewerkschaft tätig. Damals, als ich in der Jugendarbeit angefangen habe, waren diese Tendenzen bereits ganz stark zu bemerken. Doch heute fällt mir auf, dass sie in einem neuen Outfit wiederkommen. Die neuen UnternehmensmanagerInnen können sich oft den Gegebenheiten schneller anpassen und sie sind keine Gewerkschaftsgegner im herkömmlichen Sinn mehr. Sie brechen nicht das bewährte politische System auf, sie können aber oft damit besser umgehen. Das Zugehörigkeitsgefühl der Mitarbeiter und Mitarbeiterinnen wird sehr gepflegt und sehr hoch gehalten. Eine große Rolle dabei spielt sicher auch die Angst um den eigenen Arbeitsplatz.

Ein kleiner Exkurs: Ein Unternehmensberater in Kärnten hat sich ausgerechnet, wie groß der volkswirtschaftliche Schaden der Arbeitsplatzangst in Österreich ist. Und wie ich die Summe gehört habe, habe ich zweimal nachfragen müssen. Der volkswirtschaftliche Schaden, den die Unternehmer verursachen, die die Arbeitsplatzangst schüren, beträgt 70 Milliarden Schilling in Österreich und 100 Milliarden DM in Deutschland. Die Berechnung basiert darauf, dass die Leute, die Angst haben, innerlich unzufrieden sind und innerlich bereits gekündigt haben, am Burn-out-Syndrom leiden und sehr demotiviert sind. Alles zusammen schwächt die Motivation in den Betrieben sehr. Es ist von den UnternehmerInnen daher ein sehr kurzfristiges Denken, mit dieser Arbeitsplatzangst zu operieren, denn im Endeffekt kostet das der Wirtschaft sehr viel. Und wenn man sich diese Zahlen ansieht, sind das ja keine kleine Summen. Die Unterstellung, dass – wenn alle schnell rennen – dies zu erhöhter Leistung führe, ist ein gewaltiger Irrtum. Stattdessen führt dies zu einer Lähmung.

Also noch einmal: Es geht hier um eine grundsätzliche Debatte für die Gewerkschaften. Es geht hier um die Zukunft der Mitbestimmung der ArbeitnehmerInneninteressenvertretungen und – das wurde ja bereits erwähnt – es geht auch um die Zukunft der Kammersysteme, es geht um Kollektivverträge und Betriebskollektivverträge. Das ist nämlich die nächste Thematik, die diese Herrschaften andiskutieren werden. Und es geht um das Prinzip der Demokratie. Das sind Grundsatzfragen, und es geht um die Rollen, die die ArbeitnehmerInnenvertreter in Zukunft spielen werden.

Eines muss vielleicht noch selbstkritisch gesagt werden: Die Gewerkschaften waren auf diese Situation jetzt nicht entsprechend vorbereitet. Wir haben gewusst, dass diese Diskussion in Zukunft zu führen sein wird, aber dass sie so schnell kommt, ich glaube, damit haben wir als Gewerkschafter nicht gerechnet. Es wäre nämlich für uns als Gewerkschafter sehr wichtig gewesen, in so einer Phase eine Kampagne zu starten, warum betriebliche und überbetriebliche Mitbestimmung so wichtig ist, und wir hätten in dieser Kampagne den JournalistInnen und RedakteurInnen, begreiflich machen können, wie wichtig Betriebsräte sind. Wir haben nämlich bemerkt, dass sehr wenig Hintergrundinformation vorhanden war, wenn wir mit MedienvertreterInnen gesprochen haben. Das heißt, sie wussten gar nicht, dass Betriebsräte auf gesetzlicher Mitbestimmungsbasis agieren, dass es ein Arbeitsverfassungsgesetz gibt, dass man Betriebsräte wählen muss und wie wichtig eine Arbeitnehmervertretung im Betrieb ist.

Ich möchte aber noch auf zwei oder auf drei sehr positive Aspekte hinweisen, und ich denke bei diesem Thema kann man den Namen Stronach nicht ganz ausklammern, trotzdem möchte ich positive Aspekte einbringen: Wir hatten Mitte November Wahlen im Grazer Puchwerk und die Wahlbeteiligung bei diesen Betriebsratswahlen war höher denn je. 87 Prozent Wahlbeteiligung sind ein beeindruckendes Ergebnis und die Teilnahme an den Betriebsversammlungen war auch so groß wie nie zuvor. Man weiß ja, dass dieses Puchwerk auch zu Magna gehört. Hier muss man sagen, dass das wirklich positive Aspekte sind, die in der öffentlichen Debatte zu wenig herausgekommen sind. Deswegen ist es mir so wichtig, das hier darzustellen. Ein zweiter positiver Aspekt ist sicher, dass es im ÖGB eine Arbeitsgruppe gibt, die eine derartige Kampagne, wie ich sie vorhin angesprochen habe, vorbereiten wird, und es soll eine kommunikative Schiene mit den MitarbeiterInnen in diesen Betrieben aufgebaut werden.

Abschließend möchte ich sagen, dass es für uns als Gewerkschaften wirklich neue Herausforderungen gibt, obwohl ich meine, dass die Situation nicht wesentlich schlimmer ist als vor einigen Jahren. Ein Betriebsrat, der sich vor kurzem bei uns in der Landesleitung verabschiedet hat und der 30 Jahre als Betriebsrat tätig war, hat zu mir gesagt: „Schau, diese Problemstellungen hatten wir immer, auch damals. Heute sind sie nur neu gelagert, heute sind neue Antworten zu suchen, es gibt nicht mehr ein Patentrezept, eine Antwort. Heute gibt es viele Anworten auf eine Frage, aber die Herausforderungen hatten wir immer, und wenn wir uns gemeinsam diesen Herausforderungen stellen, dann werden wir sie auch erfolgreich bewältigen."

Wir müssen einfach die Chancen nützen. In Zeiten wie diesen, wo Gewinnmaximierung, wo die Aktionärsinteressen so hoch bei den Unternehmern im Kurs stehen, sind Gewerkschaften notwendiger denn je. Die Gewerkschaften müssen eine gerechtere Verteilungspolitik zu Stande bringen, Regulierungsformen müssen neu definiert werden. Je globaler eine Welt, desto mehr Regeln werden nötig, und es muss wieder zu einer menschlicheren Gesellschaft kommen. Modernität darf nicht von Treue zu unseren Werten zu trennen sein, sondern sie muss Fortschritt bedeuten. Kontrollierte Modernität, mit anderen geteilte Modernität. Modernität, an der alle teilhaben, muss unser Ziel sein. Solidarität ist sicher für uns als Gewerkschaft wichtiger denn je. Mit zwei Sätzen möchte ich abschließen, weil sie mir wirklich grundsätzlich erscheinen: „Modernität muss das gemeinsame Gut aller sein, nicht das Privileg einiger weniger." Und ich bin überzeugt davon, und das ist auch die Grundlage für meine tagtägliche Arbeit: „Wenn es heute keine Gewerkschaften gäbe, müssten wir sie jetzt erfinden und gründen."

Pilz: Nun zu unserem letzten Diskussionsbeitrag: Herr Steindler, Frau Brandhuber hat sich und Ihnen die Latte hoch gelegt. Dem heute als Bezirkssekretär zu genügen und gleichzeitig für die Basis etwas zu tun, ist sehr schwer. Wie sieht das bei Ihnen aus?

Franz Steindler: Ich bin ÖGB-Bezirkssekretär von Mödling/Purkersdorf. Mein Betreuungsgebiet ist der politische Bezirk Mödling und der Gerichtsbezirk Purkersdorf, also der Westen und der Süden von Wien.

Diese Region ist eine wichtige Wachstumsregion in Österreich. Es hat sich in diesem Bereich die Beschäftigtenzahl in den letzten 25 Jahren verdoppelt. Ebenso haben sich die Gemeinden in ihrer Einwohnerzahl zum Teil verdoppelt und auch die Beschäftigtenzahlen in den Betrieben. Wir haben dort zurzeit 50.000 unselbstständig Erwerbstätige. Auf die daraus folgenden Problemfelder für die Region einzugehen wäre sicher auch reizvoll, aber dazu ist hier nicht die Zeit. Zumindest mein organisatorischer Bereich umfasst dieses Gebiet. Es sind neben dem ÖGB im Bezirk auch noch Fachgewerkschaften vertreten. Ich bin daher nicht allein für diesen Bereich zuständig.

Vieles, was wir schon gehört haben, könnte jetzt von meiner Seite noch vertieft werden. Ich möchte aber versuchen, einen neuen Ansatz einzubringen. Ich bin seit 20 Jahren Bezirkssekretär in Mödling und habe daher selbst die Organisationskultur und die Veränderung in der Organisation in diesem Zeitraum mitverfolgen können. Dabei habe ich bemerkt, dass es in den ersten Jahren meiner Tätigkeit so gewesen ist, dass des Öfteren Arbeitnehmer, wenn es Probleme in den Betrieben gegeben hat, gekommen sind, und von sich aus die Möglichkeit einer Betriebsratsgründung angeregt haben. Diese Bereitschaft ist im Laufe der Zeit immer mehr zurückgegangen. Und dies, obwohl wir wissen, dass die Probleme in den Betrieben nicht weniger geworden sind, sondern eher mehr. Ich bin mit 26 Jahren relativ jung hauptberuflich in die Organisation gekommen und habe mir gedacht, wenn das so weitergeht, dann sieht das nicht sehr günstig aus für unsere Organisation.

Die Situation der Arbeitsbeziehungen in der heutigen Zeit ist ja heute schon beleuchtet worden. Für mich ist die Angst der KollegInnen um den Arbeitsplatz die wesentlichste Ursache, dass es zu weniger Initiativen für Betriebsratsgründungen kommt. Natürlich kommt dazu auch noch verstärkter Individualismus und Egoismus: Warum soll man sich für andere einsetzen? Man schaut, dass man selber über die Runden kommt. Dabei geht der für gewerkschaftliche Aktivitäten notwendige solidarische Aspekt verloren. In diesem Zusammenhang habe ich mir die Frage gestellt, was kann ich als hauptberuflich tätiger Gewerkschafter machen, wenn aus den Betrieben nichts kommt.

Ich habe nun nachgelesen und überlegt, was das Arbeitsverfassungsgesetz für Möglichkeiten bietet und mit welchen Argumenten man die Arbeitgeber von ihrer teilweise sehr ablehnenden Haltung weg in Richtung Partnerschaft bringen kann. Daraus habe ich ein Konzept entwickelt. Das heißt, primär den KollegInnen zu helfen, Ängste um den Arbeitsplatz abzubauen, und ihnen zu sagen, was ein Betriebsrat eigentlich ist. Man muss die KollegInnen aufklären, dass sie leichtfertig rechtliche Möglichkeiten brach liegen lassen, denn ein großer Teil des österreichischen Arbeitsrechts setzt das Vorhandensein eines Betriebsrates voraus.

Dieses Konzept habe ich gemeinsam mit dem Bezirksstellenleiter der AK entwickelt. Erster Schritt in diesem Konzept ist, dass wir beide – als ÖGB- und AK-Verantwortliche in der Region – an die Geschäftsleitungen herantraten, um das Thema „Betriebsrat“ zur Sprache zu bringen. Die erste Frage, die wir stellten, lautete in etwa: „Warum gibt es eigentlich keinen Betriebsrat in ihrem Betrieb, obwohl es das Gesetz vorsieht?“ Damit zeigten wir auch den KollegInnen, dass es da außerhalb des Betriebs jemanden gibt, der für sie bereit ist, das „Tabuthema“ Betriebsrat anzusprechen. Damit hatten wir den Begriff „Betriebsrat“ schon teilweise entmystifiziert. Gleichzeitig bekamen wir bei diesen Gesprächen mit der Geschäftsleitung Gelegenheit, die Stimmung im Betrieb kennen zu lernen, und erfuhren, wie die Geschäftsleitung mit dem Thema Betriebsrat umging. Organisatorisch haben wir das so abgewickelt, dass wir Briefe an die Unternehmen geschrieben haben, wo wir das eben Gesagte darstellten und gleichzeitig einen Terminvorschlag für ein Gespräch unterbreiteten. Auf dieses Schreiben gab es entweder gar keine Reaktionen, Termine wurden vereinbart, aber wieder verschoben oder ganz abgesagt. Aber es gab auch ganz konkrete Terminvereinbarungen und wir haben damals interessante Gespräche mit den Geschäftsleitungen geführt. Jedenfalls ist das nur ein Element dieses Konzeptes.

Das nächste Element war, direkt mit einem Schreiben persönlich an jede Kollegin und jeden Kollegen des Betriebes heranzutreten und ihnen zu sagen, dass wir an die Geschäftsleitung herangetreten sind und sie zu einem Informationsabend einzuladen, bei dem wir über die Möglichkeiten eines Betriebsrates informierten. Das haben wir mit einer entsprechend großen Anzahl von Betrieben gemacht. Und es war so, dass es gleich im ersten Ansatz positive Erfolge gab. Aus Kontakten mit Geschäftsleitungen, wo es erkennbar keinen Einwand gegeben hat, sind wir auch positiv an die Kollegenschaft herangekommen, haben diese Informationsveranstaltung im Betrieb durchgeführt, und es ist so in mehreren Fällen zur Gründung von Betriebsratskörperschaften gekommen.

Ein gutes Beispiel für unsere Erfolge ist die Firma Herold Business Data, die nach Mödling übersiedelt ist. Da hat es nicht wirklich Probleme gegeben, aber die KollegInnen haben die Möglichkeit einer Betriebsratswahl erst durch unsere Initiative aufgegriffen. Neben diesem positivem Beispiel möchte ich aber auch ein negatives Beispiel bringen und damit zeigen, dass es fast unmöglich ist, die Kollegenschaft von der Notwendigkeit und Sinnhaftigkeit eines Betriebsrates zu überzeugen, wenn die Geschäftsleitung massiv dagegen arbeitet.

Eine der Initiativen, wo es schwer bis unmöglich war, die Kollegenschaft zu überzeugen, war die Firma Hornbach. Wir wussten im Vorfeld, dass es dort arbeitsrechtliche Probleme gab. Wir hatten mehrere Anfragen und Beschwerden von den dort Beschäftigten. Ein Kollege dieser Firma kam an einem Freitag in unsere Bezirksstelle und wollte gleich klare Verhältnisse schaffen und sofort eine Betriebsratswahl einleiten. Ein Mitarbeiter von uns hat ihm dann – aus jetziger Sicht zu früh – das Einberufungsformular für die Betriebsversammlung zur Wahl eines Wahlvorstandes gegeben. Dieser Kollege hat sehr rasch die erforderlichen Unterstützungsunterschriften für die Einberufung gesammelt. Am darauf folgenden Montag hat er die Geschäftsleitung von der Einberufung der Versammlung informiert. Daraufhin wurde ihm sofort die Entlassung ausgesprochen, und er bekam Hausverbot. Schließlich konnten wir eine einstweilige Verfügung bei Gericht erwirken. Der Kollege durfte wieder in den Betrieb. Jedoch war die Geschäftsleitung auf so eine Situation anscheinend vorbereitet und hat von sich aus eine starke Gegenbewegung gestartet. Es ist sogar so weit gekommen, dass Herr Hornbach – also jemand aus der Eigentümerfamilie – aus Deutschland kam und der Belegschaft noch vor der offiziellen Betriebsversammlung im Rahmen einer Informationsveranstaltung Kaffee und Krapfen servierte und das Thema aus seiner Sicht erörtert hat. Für die offizielle Betriebsversammlung hat es dann zwei Wahlvorschläge für den Wahlvorstand gegeben. Einen von dem Kollegen, der die Versammlung initiiert hat, und einen Wahlvorschlag von den Leuten, die entweder seitens der Geschäftsleitung dazu animiert wurden oder sich von ihr animiert gefühlt haben.

In dieser Betriebsversammlung herrschte eine fast beklemmende Stimmung; ca. 60 bis 70 Leute diskutierten auf engstem Raum. Der Kollege Aust von der GPA und ich selbst waren dort. Wir haben über Betriebsrat und Gewerkschaft gesprochen, aber wenig Unterstützung gefunden. Bei der Abstimmung über die beiden Wahlvorschläge hat der Kollege, der die Versammlung initiiert hat, nur seine eigene Stimme bekommen. Alle anderen haben die Hand für den zweiten Wahlvorschlag gehoben.

Ich habe mir damals gedacht, so einfach soll das nicht gehen. Ich habe mich zur Kooperation mit dem gewählten Wahlvorstand bereit erklärt und mit den Kollegen gesprochen. Ich sagte, sie wären jetzt rechtmäßiger Wahlvorstand und habe ihnen meine Hilfe bei der Durchführung der Wahl angeboten. Die von der Geschäftsleitung anwesenden Damen und Herren waren über dieses Angebot von mir etwas irritiert. Ich bin dann ein paar Mal in den Betrieb gefahren, denn die Frist zur Ausschreibung der Wahl war relativ knapp, denn die Wahl muss innerhalb von drei Tagen ausgeschrieben werden. Ich habe sehr schnell gemerkt, dass ich hingehalten wurde. Letztendlich haben sich die Kollegen als Wahlvorstand bestellen lassen und haben keine Schritte zur Einleitung einer Betriebsratswahl unternommen. Sie haben die Wahl einfach nicht ausgeschrieben.

Es ist aus meiner Sicht eine Schwäche des österreichischen Arbeitsverfassungsgesetzes, dass es für so einen Fall eigentlich nichts Machbares vorsieht. Ein untätiger Wahlvorstand kann rechtlich gesehen nur mit Mehrheit in der Betriebsversammlung wieder enthoben werden. Sie können sich vorstellen, wenn ein Wahlvorstand mit 99 Prozent gewählt wird, dass es nicht leicht ist, eine Gegenmehrheit zu organisieren und den Wahlvorstand zu entheben.

Die rechtliche Problematik haben wir so gelöst, dass wir wegen Untätigkeit des Wahlvorstandes binnen vier Wochen eine neue Betriebsversammlung ausgeschrieben haben. Diese neue Betriebsversammlung haben wir bei uns – im Haus von ÖGB und AK – durchgeführt. Und da hat der Kollege, der damals die Inititative gesetzt hat, drei oder vier Leute zusammengebracht.

Zu dieser Versammlung ist überraschend der Geschäftsführer von Hornbach mit ca. 20 Leuten wie ein Rollkommando in dicken Jacken dazugekommen und wollte die Versammlung stören, indem er immer wieder die Unrechtmäßigkeit der Versammlung behauptet hat. Nur machte diese Gruppe rechtlich gesehen einen Fehler, denn sie hat keinen Wahlvorschlag für die Wahl des Wahlvorstandes eingebracht.

Somit war nur der Wahlvorschlag des Kollegen da, und der brauchte nur zur Kenntnis gebracht werden. Dieser so bestellte Wahlvorstand hat dann die Betriebsratswahl eingeleitet. Der Initiator hat kandidiert, und die andere Gruppe hat ebenfalls kandidiert. Die Mitglieder des ursprünglichen Wahlvorstandes, die die Wahl nicht eingeleitet haben, haben sich jetzt als Betriebsratskandidaten aufstellen lassen. Die Wahl ist dann so ausgegangen, dass die „Verhinderungsgruppe“ alle Mandate bekommen hat. Damit gab es einen gewählten Betriebsrat, der nicht mit Gewerkschaft und AK kooperieren wollte.

Pilz: Zuerst haben sich Kandidaten aufstellen lassen, damit nicht gewählt wird. Nachdem sie sozusagen raffiniert übertölpelt wurden, haben sie sich wählen lassen, damit nicht gehandelt wird?

Steindler: Ja, so könnte man das sagen. Jedenfalls nach einer gewissen Zeit war es so, dass der erste Mann aus dieser Gruppe in eine andere Filiale versetzt wurde und das Ganze zu zerbröckeln begann. Die Phalanx war gebrochen, und es sind zwei Mitglieder aus dem „arbeitgeberfreundlichen“ Betriebsrat zu uns gekommen und haben gesagt, dass es ihnen jetzt reicht. Sie wollen gewerkschaftliche Betriebsräte sein und mit uns kooperieren. Das hat uns natürlich gefreut, obwohl Vorsicht angebracht war. Wir haben dann gemeinsam Hilfestellungen gegeben – zusammen mit dem heute hier anwesenden GPA-Sekretär und auch anderen. Allerdings standen diese zwei Kollegen betriebsrätlich auf einem sehr schwachen Fundament. Es hat zusätzlich auch persönliche Probleme gegeben. Es kam zu einer Entlassung, weil behauptet wurde, im Krankenstand sei gearbeitet worden und ähnliche Vorwürfe. Jedenfalls sind die Aktivitäten betreffend Betriebsrat in der Firma Hornbach in Brunn am Gebirge derzeit wieder sanft entschlafen. Einen Hinweis auf die Einstellung der Firmenleitung zu Betriebsräten haben wir allerdings im Gespräch mit der Hornbach-Geschäftsleitung gleich zu Beginn der ganzen Aktion erhalten. Diese Damen und Herren haben uns ganz trocken ins Gesicht gesagt: „Wissen Sie, Betriebsrat heißt für uns soviel, als ob ein Betriebsunfall vorliegen würde. Und wissen Sie, was wir mit einem Betriebsunfall nach unserer Unternehmensphilosophie machen? Das darf bei uns nicht wieder passieren!“

Derartige Einstellungen und Ansichten zur Arbeitnehmervertretung sind leider kein Einzelfall. Eines möchte ich mir zuletzt und in diesem Zusammenhang nicht verkneifen: Wir haben angesichts der neoliberalen Entwicklungen und der Stronach-Diskussion vergessen, dass wir in Österreich den so populären Niki Lauda haben, wo wir früher ähnliche Probleme mit der Gründung eines Betriebsrates hatten. Und es sollte hin und wieder auch führenden Sozialdemokraten die Frage gestellt werden, wer diesen Herren hofiert hat und somit diese Einstellungen zu Betriebsräten und Arbeitnehmervertretungen in Österreich salonfähig gemacht hat?

Pilz: Für den letzten Bericht kann ich mir eine persönliche Bemerkung nicht verkneifen. Es tut mir jetzt wirklich Leid, dass ich meinen Hasenstall bei der Firma Hornbach gekauft habe. Was ich heute gehört habe, wird meine Kaufentscheidungen beeinflussen, und ich werde auch Prospekte der Firmen Hornbach, Cosmos und Köck mit anderen Augen studieren. Nämlich nicht nur nach dem Kriterium, wo ist es am billigsten ist, sondern was man sonst noch über diese Firmen weiß.

Ich sage das, weil man als normaler Medienkonsument die Magna-Geschichte in- und auswendig kennt und Beispiele, die mindestens genauso spannend und wirklich unglaublich sind, kennt man nicht.

Podiumsdiskussion

Neue Formen der Unternehmens- und Arbeitsorganisation – Probleme für die Mitbestimmung

Teilnehmer:

Josef Cerny, Direktor der Kammer für Arbeiter und Angestellte Wien

Jörg Flecker, Forschungs- und Beratungsstelle Arbeitswelt (FORBA)

René Schindler, Rechtsschutzsekretär der Gewerkschaft Metall-Bergbau-Energie

Moderatorin: **Sigrid Pilz**

Sigrid Pilz: Ich freue mich, drei sehr kompetente Herren am Podium zum Thema „Neue Formen der Unternehmens- und Arbeitsorganisation. Probleme für die Mitbestimmung" begrüßen zu dürfen. Wir waren in der vorangegangenen Diskussion sehr konkret, sehr praktisch und beeindruckend lebensnah, was die Realität von Betriebsräten im Betrieb betrifft.

Wir wollen jetzt einen Brückenschlag zur Entwicklung unserer Arbeitsgesellschaft in die Zukunft machen. Es scheint, als ob wir die Probleme, die wir noch aus dem 19. Jahrhundert mitschleppen, ins 21. Jahrhundert mitnehmen. Die Themen, um die es nun gehen soll, sind Flexibilisierung, Globalisierung, neue Arbeitsverhältnisse, Scheinselbstständigkeit, Leiharbeiter und die daraus resultierenden Probleme für die Mitbestimmung. Wir werden die Problematik nun in einem theoretischen Zusammenhang betrachten und werden das Arbeitsverfassungsgesetz und seine Wirksamkeit für diese Verhältnisse diskutieren. Auch werden wir konkrete Rechtsschutzmaßnahmen hören, damit Sie auch wissen, wie Sie konkret handeln können.

Sehr herzlich begrüßen möchte ich Herrn Dr. Josef Cerny, Direktor der Arbeiterkammer Wien. Er ist Autor zahlreicher Kommentare zu sozialrechtlichen Gesetzen wie auch speziell zum Arbeitsverfassungsgesetz. Ihm zur Seite Herr Dr. Jörg Flecker. Er kommt von der Forschungs- und Beratungsstelle Arbeitswelt (FORBA) und denkt in wirklich sehr verständlichen Beiträgen über die Zukunft der Arbeitswelt nach. Herr Dr. René Schindler ist Rechtschutzsekretär der Gewerkschaft Metall-Bergbau-Energie. Wir beginnen mit Herrn Dr. Cerny von der AK Wien.

Josef Cerny: Liebe Kolleginnen und Kollegen, wenn ich von vornherein in die Rolle des kommentierenden Juristen gestellt werden soll, dann werden die, die mich kennen, wissen, dass ich diese Rolle nur zum Teil erfüllen möchte, da die Funktion des Rechts in der gesellschaftlichen Entwicklung nur eine beschränkte ist. Wenn man an das Thema lediglich unter diesem Gesichtspunkt herangehen wollte, ist durch das Arbeitsverfassungsgesetz die Realität zwar richtig erfasst. Aber mit dem ArbVG allein die gesellschaftliche Wirklichkeit zu regeln und normativ zu bewältigen, wäre meines Erachtens ein völlig verkürzter Ansatz.

Meine Gegenthese am Beginn ist: Wir haben uns wahrscheinlich in den letzten Jahrzehnten viel zu sehr auf die Verrechtlichung der Mitbestimmung eingelassen und wir haben dadurch das Gefühl und Bewusstsein auch bei den Akteuren gestärkt, dass man mit Rechtsnormen, mit Gesetzesnormen sehr viel, wenn nicht gar alles erreichen kann. Das war sicher ein verhängnisvoller Irrtum.

Wenn man die Medienberichte der letzten Tage und Wochen verfolgt, dann müsste man eigentlich zum Ergebnis kommen, dass wir heute in der falschen Veranstaltung sitzen oder zumindest das falsche Thema haben. Wir reden über Probleme, die sich aus neuen Organisationsformen, Unternehmensorganisations- und Arbeitsorganisationsformen für die Mitbestimmung ergeben.

Wenn ich lese, was an Botschaften über die Medien kommt, müsste man eigentlich glauben, die große Blütezeit der betrieblichen Mitbestimmung stehe jetzt erst bevor. Es gibt alle möglichen politischen Akteure, die eine Verlagerung von Entscheidungen und Mitbestimmung auf die Betriebsebene propagieren. Die Industriellenvereinigung trommelt seit Wochen in diese Richtung bis hin zu betrieblichen Lohnregelungen an Stelle von Kollektivverträgen. Die beiden Präsidentschaftskandidaten für die Wirtschaftskammer Österreich überbieten sich in einer Aussendung vor wenigen Tagen mit Forderungen, die die Tendenz aufweisen, die Betriebe und den Entscheidungsspielraum der Betriebe zu stärken. Und die ÖVP hat in den „Sondierungsgesprächen" und Zukunftsgesprächen eine Position eingebracht, die ebenfalls die Entscheidungsfindung in den Betrieben selbst stärken will. Man könnte meinen, es läuft alles in die Richtung, die wir uns vorgestellt haben.

Es gibt auf der anderen Seite nicht nur von Unternehmern, Unternehmervertretern und konservativen Parteien, sondern auch aus dem linken ideologischen Lager ähnliche Stimmen, allerdings sicher mit anderer Motivation. Ich habe vorige Woche in der Eigenschaft als Honorarprofessor für Arbeitsrechtspolitik am Institut für Arbeits- und Sozialrecht der Universität Salzburg mit dem Kollegen Klaus Firlei eine heftige Diskussion über die Zukunft der Arbeitsrechtspolitik und auch der Mitbestimmungspolitik geführt. Firlei vertritt ebenfalls die These, dass sozusagen „oben" bei den Institutionen der Mitbestimmung, insbesondere im Aufsichtsrat – aber auch im Betriebsrat – bei Konzernen eigentlich dereguliert gehöre, das Arbeitsrecht insgesamt in seinen zentralistischen Ansätzen destrukturiert werden und man mit den Rechten der Mitbestimmung mehr an die Basis gehen müsste, d. h. die Betriebsräte, die Betriebsvertretung oder andere Formen der Betriebsvertretung als die Betriebsräte mit neuen, zusätzlichen Mitbestimmungsrechten ausstatten sollte. Das ist der andere ideologische Ansatz.

Und wie das in der Realität wirklich aussieht, wenn man auf die betriebliche Ebene in der derzeitigen Wirtschaftsordnung geht, das haben wir heute an praktischen Beispielen nur allzu deutlich gehört. Wir haben es vor einigen Wochen mit der Idee der Urabstimmungen in den Magna-Werken von Stronach erlebt, was tatsächlich herauskommt, wenn man unter massivem wirtschaftlichem Druck, unter dem Druck des Arbeitsplatzverlustes und des Standortes, jemanden über die Form der Mitbestimmung auffordert abzustimmen. Meine Konsequenz daraus ist, diese Erscheinungen nicht zu bagatellisieren und zu sagen, das würde uns alles nicht interessieren, denn wir gehen ohnehin weiter in Richtung rechtlich normierte Mitbestimmung, wir bauen das Arbeitsverfassungsrecht weiter aus und versuchen, dass wir die Organisationsänderungen, die vor sich gehen, wieder mit Rechtsnormen einzufangen.

Es wäre aber auch falsch, das Umgekehrte zu sagen, nämlich dass die ganze Arbeitsverfassung veraltet sei, weil in der wirtschaftlichen Realität des Turbokapitalismus und der Globalisierung für die Anwendung von Arbeitsverfassungsnormen eigentlich überhaupt kein Raum mehr ist. So lautete in etwa die These von Firlei. Er meinte, das sei alles ein Glasperlenspiel, die Realität sei doch völlig anders. Wir müssten nun von vorne anfangen, und sämtliche Rechtsnormen könnten wir eigentlich über Bord werfen. Ich würde hingegen folgenden Ansatz wählen:

Erstens: Eine weitere Ausgestaltung der Arbeitsverfassungsrechtsnormen ist auch weiterhin notwendig. Dies vor allem dahingehend, dass wir Organisationsentwicklungen, die jetzt schon Realität sind, sehr wohl wieder durch Rechtsnormen mit Mitbestimmungsqualität regeln. Das heißt konkret, dass Konzernregelungen, die verhindern, dass Unternehmer die Normen des Arbeitsverfassungsrechts umgehen können, indem sie Gestaltungsmöglichkeiten im Gesellschaftsrecht ausüben, weiterhin notwendig sind. Dies ist aber noch viel zu wenig, denn diese Regeln müssen weiter ausgebaut werden. Alle, die das in der Praxis anzuwenden haben, wissen, dass der Umgang mit Konzernen ein Hase-Igel-Spiel ist. Wann immer wir die Arbeitsverfassung ändern, ist die Unternehmerstrategie einen Schritt weiter. Die Konzernseite versucht ständig, die Umgehungsstrategien neu festzulegen und meist auch mit Erfolg. Daher ist eine weitere Ausgestaltung des arbeitsverfassungsrechtlichen Normenwerkes unerlässlich.

Zweitens: Wir müssen die neuen Arbeitsformen erfassen. Diese neuen Arbeitsformen sind inzwischen gar nicht mehr so neu und können auch nicht mehr als „atypisch“ bezeichnet werden, weil sie im Arbeitsleben bereits zu einem Drittel die Wirklichkeit ausmachen. Sie sind geradezu typisch geworden. Wir müssen daher diese Arbeitsformen arbeitsrechtspolitisch erfassen, d. h. den Anwendungsbereich des Arbeitsrechts insgesamt auf diese Arbeitsformen erweitern. Das wird wahrscheinlich auch einen neuen Arbeitnehmerbegriff insgesamt erfordern. Wir müssen diejenigen, die – ähnlich wie der klassische Arbeitnehmer – wirtschaftlich, aber nicht persönlich abhängig sind, indem sie in den Betrieb voll integriert sind, sondern in irgendeiner Form flexibel arbeiten, in das Schutzprinzip des Arbeitsrechts einbeziehen. Gleichzeitig müssen wir einen Weg suchen, wie die Formen der Betriebsvertretung, der Belegschaftsvertretung dieser Flexibilisierung angepasst und erweitert werden können. Konkret heißt das: Das Arbeitsverfassungsgesetz geht vom Idealtyp der 70er-Jahre und der Zeit davor aus. Dieser Idealtyp stellt einen Industriebetrieb dar, der nach Möglichkeit hundertprozentig gewerkschaftlich organisiert ist, der eine weitgehend feste Arbeitseinteilung aufweist, wodurch die Leute im Betrieb beschäftigt und erreichbar sind. Diese organisierte Struktur gibt es inzwischen in der Wirklichkeit in vielen Bereichen gar nicht mehr und wird es in Zukunft noch viel weniger geben. Wir müssen den Anwendungsbereich der Rechtsnormen auf diese neuen Formen der Arbeit und der Arbeitsorganisation erweitern und versuchen, hier Modelle zu finden, wie auch dort wirksam Interessenvertretung organisiert werden kann. Das wird in den meisten Fällen nicht über die Struktur von Betriebsräten gehen. Das heißt auch, dass wir uns neue Modelle der Betriebsverfassung überlegen müssen. Und auch hier ist aus meiner Sicht der Kollektivvertrag das gewerkschaftspolitisch entscheidende Instrument.

Ich würde die Funktion, die der Kollektivvertrag derzeit im Arbeitszeitrecht bereits hat, nämlich unter sozialen kollektiven Schutzgesichtspunkten zu flexibilisieren, auch auf die Betriebsverfassung ausweiten, was aber in der Rechtslehre, in der Rechtsdogmatik und in der Rechtsprechung des OGH als undenkbar angesehen wird. Immer wieder findet man hier das Argument, dass die Betriebsverfassung zweiseitig zwingendes Recht ist, und da könne man nichts ändern. Selbst wenn die Beteiligten einverstanden sind, etwas völlig anderes zu machen, weil es für sie sinnvoll wäre, dann geht das rechtlich nicht. Ich glaube, mit diesem Prinzip muss man brechen. Man muss auf der betrieblichen Ebene Gestaltungsräume schaffen, aber das Instrument der Kollektivverträge – ähnlich wie es die Metallarbeiter im Lohnbereich mit Optionsklauseln und Öffnungsklauseln bereits tun – scheint mir ein Modell auch für die Betriebsverfassung zu sein, neue Formen der Mitbestimmung über den Kollektivvertrag zu eröffnen.

Drittens: Die Erfahrungen der letzten Jahre zeigen deutlich, dass wir mit nationalen Rechtsnormen, wie immer sie auch gestaltet sein mögen, noch immer kein Gegengewicht oder eine Kontrolle zu wirtschaftlichen Entscheidungen haben, die auf internationaler oder supranationaler Ebene in Konzernzentralen fallen – selbst wenn wir die Arbeitsverfassung und das Arbeitsrecht erweitern und neue Arbeitsformen einbeziehen. Das heißt, wir müssen über eine Internationalisierung der Arbeitsverfassung nachdenken. Anfangen müssen wir bei Modellen der Mitbestimmung zunächst einmal auf europäischer Ebene. Das ist ohnehin schon ein hoch gestecktes Ziel. Wenn man die grundsätzlich unterschiedlichen Ansatzpunkte der Mitbestimmungsmodelle in Europa aus deren Tradition kennt, ist es schwierig, hier einen gemeinsamen Nenner zu finden. Zu unterschiedlich sind die Beteiligungsmodelle in Deutschland und Österreich und andererseits die Gegenmachtmodelle wie in Frankreich, Italien und Belgien. Hier einen Mindeststandard an Mitbestimmungsqualität einzuführen ist schwierig genug, aber es wird notwendig sein. Und darüber hinaus, wie man insbesondere am Magna-Beispiel deutlich sieht, genügt es auch nicht, Europäische Betriebsräte zu haben, sie mit mehr Recht auszustatten und europäische Richtlinien zu haben, sondern wir müssen auch gewisse Mindestnormen und Mindeststandards an Mitbestimmungsqualität weltweit zu erreichen versuchen.

Ein Beispiel für diese laufenden Auseinandersetzungen ist die WTO-Runde in Seattle, bei der dafür gekämpft wird, dass Sozialklauseln, die auch Gewerkschaftsfreiheit, Gewerkschaftsrechte und Mitbestimmungsqualität umfassen, zu Elementen des Welthandels werden. Ich weiß, dass das sehr hoch gesteckte und schwierige Ziele sind, aber alles andere wäre wirklich nur ein nationales Sandkastenspiel.

Und noch ein letzter Punkt in meiner Einleitung: Damit spiele ich den Ball zu René Schindler hinüber. Ich bin zutiefst überzeugt, dass wir mit den jetzigen Rechtsdurchsetzungsmöglicheiten, also mit der Praxis der Rechtsanwendung, nicht mehr zu Rande kommen. Das gilt nicht nur für die Arbeitsverfassung, sondern vor allem für die Durchsetzung von Individualansprüchen aus dem Arbeitsrecht. Es ist eine Sache, ein schönes Gesetz und dort Rechte festgeschrieben zu haben, aber es ist eine andere, diese Rechte in der konkreten Situation auch wirklich durchsetzen zu können. Ich glaube, alle Beteiligten wissen, was es bedeutet, wenn man Rechtsschutzfälle hat, bei denen bis zur erstinstanzlichen Entscheidung bei völlig klaren Ansprüchen mitunter zwei bis drei Jahre vergehen. Die Leute haben dadurch während des aufrechten Arbeitsverhältnisses überhaupt keine Chance, ihr Recht durchsetzen, weil sie sonst den Arbeitsplatz verlieren würden. Bei allen Möglichkeiten des Motivkündigungsschutzes, die Realität sieht anders aus. 95 Prozent dieser Fälle werden nach Ende des Dienstverhältnisses prozessiert, und das mit einem zeitlichen Verzögerungseffekt von zwei bis drei Jahren, den wirtschaftlich – trotz Rechtsschutz der Arbeiterkammern und der Gewerkschaft – nicht viele durchhalten.

Also, ich würde vorschlagen, dass wir versuchen müssen, auch in der Rechtsdurchsetzung neue Institutionen zu finden. Diese könnten ähnlich wie die Schlichtungsstellen bei erzwingbaren Betriebsvereinbarungen aussehen, die eine rasche Verhandlung und Entscheidung und die Durchsetzung von klaren Rechten ermöglichen. Wenn wir dies nicht schaffen, bleibt das Gesetz auf dem Papier stehen und wird nicht zur Realität.

Abschließend noch eine Appell: Wir müssen wieder lernen, uns das Wissen und die Erfahrung der gewerkschaftlichen Vorfahren und der Gewerkschaftsbewegung insgesamt anzueignen, wie man Gewerkschaftsrechte und Positionen auch im Kampf durchsetzen kann und nicht nur mit Hilfe von Gesetzbüchern.

Pilz: Sie haben angesprochen, was es heißt, wenn Menschen auf Grund einer Motivkündigung ihren Arbeitsplatz verlieren. Wer stützt sie, welche Institutionen sind an ihrer Seite, damit das nicht nur ihr persönliches Problem bleibt? Bevor wir mit Herrn Dr. Schindler zu diesen konkreten Umsetzungsstrategien kommen, möchte ich noch mit Herrn Dr. Flecker auf der Theorieebene bleiben. Wenn Unternehmen durch Outsourcing und Vernetzung zu flexiblen Organisationen werden, wenn Arbeitnehmer durch die schon genannten atypischen und nicht mehr so untypischen Beschäftigungsverhältnisse neu zu definieren sind, dann heißt es doch für Betriebsräte umzudenken, dann kommen neue Aufgaben auf sie zu, für die sie vielleicht nicht geschult sind und für die ihnen auch die strukturelle Basis fehlt. Welche Möglichkeiten der Unterstützung können Sie uns anbieten?

Jörg Flecker: Ich möchte nicht so sehr auf der theoretischen Ebene bleiben, und auch mit den Lösungen ist das nicht so einfach. Ich werde zu diesem weiten Feld der Veränderungen der Unternehmens- und Arbeitsorganisation anhand einzelner Beispiele Stellung nehmen und einige Thesen vortragen, was wirklich für Betriebsräte und Gewerkschaften neu ist und was uns die Forschung zu diesen Problemen sagt, die es über diese neuen Formen inzwischen gibt.

Mein erstes Beispiel ist die neue Produktionsorganisation bei VW. Wenn man sich so ein neues Werk in der Tschechischen Republik, in der Slowakei oder in Brasilien ansieht, dann liefern dort die Zulieferbetriebe direkt ans Endmontageband, und dort steht kein VW-Arbeiter mehr, sondern ein Arbeiter oder eine Arbeiterin dieser Zulieferfirma. Und am nächsten Bandabschnitt stehen Kolleginnen und Kollegen, die zu einer anderen Zulieferfirma gehören. Die VW-Angestellten sind in der Qualitätskontrolle beschäftigt und in der Koordination des Gesamtwerks. Im Werk selbst hat man also Arbeitnehmer von verschiedenen Firmen aus unterschiedlichen Ländern nebeneinander. Dies ist ein erster Hinweis darauf, dass hier die Betriebsgrenzen, wie wir sie bisher kennen, verschwimmen. Viele Betriebe sind keine wirtschaftlichen und sozial geschlossenen Einheiten mehr.

Geläufiger sind uns die Beispiele der Leiharbeit, also Arbeitnehmerüberlassung, Outsourcing in verschiedensten Formen oder im Handel beispielsweise neue Entwicklungen, wo die Leute, die die Regale wiederbefüllen, auch nicht mehr beim Handelsunternehmen angestellt sind, sondern bei einer Logistikfirma, die den Transport von den Zentrallagern oder von der Industrie ins Zentrallager bzw. vom Zentrallager in die Filiale organisiert. Die große Frage, die sich aufwirft, ist, wen der Betriebsrat im betreffenden Handelsbetrieb denn eigentlich vertritt? Wie viele Arbeitnehmer gibt es da noch, die unmittelbar zu vertreten sind. Ist die Konstruktion des Betriebsrats inzwischen nicht irgendwie unpassend geworden oder ist sie gar ein Auslaufmodell?

Große Konzerne, inzwischen auch die Industrieunternehmen, gehen mittlerweile dazu über, alles Mögliche outzusourcen, mittlerweile auch ihre eigene Produktion. Dazu ein Beispiel in Österreich: Da haben sich das Management, die Produktionsleitung und der Betriebsrat gemeinsam bemüht, in Form eines Management-Buy-Out die Produktion längerfristig abzusichern, weil es im Rahmen des Konzerns gar nicht mehr so sicher war, wie lange es in Österreich noch weitergehen wird. Nun ist dieses Unternehmen selbstständig, hat einen Vertrag mit der ehemaligen Muttergesellschaft, dass diese eine gewisse Menge abnimmt, und versucht, neue Kunden zu gewinnen. Es klingt nach einer Erfolgsstory, wenn sich jemand selbstständig gemacht hat und alle an einem Strang ziehen. Aber natürlich hat so eine Konstruktion auch ihre Schattenseiten. Negative Begleitumstände sind etwa, dass nicht alle mitgehen konnten und nur die besten Leute ausgesucht wurden, mit denen man es schaffen wollte. Dann wird auch in der Anfangsphase oft mehr Zeitflexibilität verlangt, z. B. auch am Samstag zu arbeiten, und andere Zugeständnisse von Arbeitnehmerseite, um den neu strukturierten Betrieb in Gang zu bringen. Das ist natürlich eine zwiespältige Situation.

Auf der einen Seite will man die Arbeitsplätze retten und langfristig absichern, indem man einen neuen Betrieb auf die Beine stellt, auf der anderen Seite könnte man sich auch fragen, ob da nicht zu viele Zugeständnisse gemacht werden müssen. Management-Buy-Out ist ja nur das extremste Beispiel einer Dezentralisierung. Man spricht hier von den neuen „Intrapreneuren“, also den „Als-ob-Unternehmern“ innerhalb von „Profit-Centers“, die zwar angestellt sind, aber denen gesagt wird, dass sie Gewinn machen müssen, egal auf welche Art.

In Anlehnung an den Entrepreneur – also den Unternehmer – nennt man ihn – oder sie – Intrapreneur deswegen, weil etwa ein Profitcenterleiter zwar eine Führungskraft im Unternehmen ist, aber danach beurteilt wird, wie viel dieser Bereich – also das Profitcenter – zum Betriebsergebnis beiträgt. Das Profitcenter kann auch Kunden außerhalb ansprechen, ist also quasi Unternehmen im Unternehmen. Diese Form der Dezentralisierung verfolgt das Ziel der individuellen Zurechenbarkeit von Erfolg und Misserfolg. Das Ziel dabei ist, genau sagen zu können, wer Schuld ist, dass das Gesamtergebnis nicht so gut wie erwartet ausgefallen ist. Da kann man monatlich, vierzehntäglich kontrollieren, bei wem Probleme auftreten. Und es ist natürlich auch ein Angebot an junge, ehrgeizige Manager, die dann sehr häufig durchaus über Leichen gehen und glauben, sie bekommen die große Chance im Konzern, wenn sie ohne Rücksicht auf soziale Verluste beeindruckende Zahlen vorlegen. Diese Dezentralisierung und diese Art von neuen Beschäftigungsformen stellt auch die Mitbestimmung vor große Herausforderungen.

Der dritte Bereich, der sehr viel diskutiert wird, ist die Partizipation, die Einbindung der Beschäftigten, die Selbstorganisation, also alles, was sich so im Diskussionszusammenhang von Gruppenarbeit, Teamarbeit, kontinuierlicher Verbesserungsprozess etc. abspielt. Die Beschäftigten bekommen neuen Spielraum, ihre Arbeitsorganisation und Arbeitsbedingungen selbst zu gestalten. Wenn solche Gruppen selbst gewählte Sprecher und Sprecherinnen haben und wenn die Leute im Betrieb sich ihre Probleme selbst lösen, was hat dann der Betriebsrat noch für eine Funktion? Besonders dann stellt sich diese Frage, wenn die Beschäftigten vom Betrieb so intensiv eingebunden werden, dass sie ständig die vollständige betriebswirtschaftliche Information bekommen, wie es um das Unternehmen steht und wo sie sich anstrengen müssen, also völlige Offenheit der Information vorherrscht. Daraus entsteht natürlich der Hang bei den Beschäftigten, die Betriebsziele möglichst zu fördern, und die Tendenz, entsprechende Zugeständnisse zu machen und verstärkt anzupacken, wenn es dem Betrieb schlecht geht. Daraus resultiert die Frage, wie die repräsentative Mitbestimmung, also die Vertretungsfunktion des Betriebsrats, in einer solchen Situation noch notwendig und erfolgreich sein kann.

Im Beitrag von Josef Cerny kommt heraus, dass die Grundlagen unserer Begrifflichkeit immer mehr schwinden – die Begriffe des „Betriebes“ oder auf Grund der atypischen Beschäftigungsverhältnisse der des „Arbeitnehmers“.

Die Forschung hat gezeigt, dass der Betriebsrat als Modell der Vertretungsinstanz keineswegs ein Auslaufmodell ist. Alle erwähnten Organisationsformen haben große Probleme. Ein Punkt ist, dass sie in der Regel höchst unvollständig umgesetzt sind. Also das, was die Unternehmensberater in Hochglanzbroschüren präsentieren, ist nicht das, was dann de facto im Betrieb läuft. Das heißt, es gibt zwar sehr viel Delegation, wenn wir das Beispiel der Dezentralisierung und der Selbstorganisation nehmen, aber vor allem Delegation von Verantwortung und weniger Delegation von tatsächlicher Macht oder Entscheidungskompetenz. Das heißt, die Leute sind verantwortlich für das Ergebnis, haben aber nicht in diesem Ausmaß die Möglichkeiten, das Ergebnis zu beeinflussen. Die Vorgesetzten regieren dann, wenn es eng wird, doch wieder hinein, und man vergisst plötzlich die begleitenden Rahmenbedingungen – seien es Zeiten für Gruppengespräche oder Qualifizierungsmaßnahmen –, damit das Ganze überhaupt funktionieren kann.

Aus dieser unvollständigen Umsetzung der schönen neuen Konzepte von Arbeitsorganisation entstehen sehr viele Probleme und daher auch neue Aufgaben für den Betriebsrat. Oder die Konzepte sind in sich von vornherein widersprüchlich, weil sie zwar mehr Spielraum bieten, aber zugleich auch viel mehr Arbeitsdruck bringen. Schließlich sind diese Organisationsformen häufig auch recht konfliktträchtig in ihren Auswirkungen. So werden Gruppen gegeneinander ausgespielt oder Profitcenter müssen gegeneinander arbeiten. Das stellt den sozialen Zusammenhalt des Betriebs und des ganzen Unternehmens in Frage. Auch hier liegt eine der zentralen Funktionen des Betriebsrats.

Was sich aus Untersuchungen in Deutschland und Österreich herauskristallisieren lässt, ist, dass der Betriebsrat sehr viel mit diesen neuen Arbeitsformen zu tun hat und dass er gebraucht wird, damit diese überhaupt funktionieren können. Auch sind die zentralen Vereinbarungen und Rahmenbedingungen sehr wichtig. Hinzu kommt, dass es auch eines anderen Umgangs mit den Beschäftigten bedarf, sozusagen Einbeziehung statt Bevormundung, mehr Kommunikation statt reiner Stellvertreterpolitik, häufigere Befragungen etc. Das Mitbestimmungsmodell des Betriebsrats ist hier keineswegs vollständig in Frage gestellt, sondern die Frage muss lauten, ob dieses Mitbestimmungsmodell weiterhin interessenvertretungswirksam ist. Die Form der Mitbestimmung muss also aufrecht bleiben, denn das Unternehmen braucht den Betriebsrat als Repräsentanten der Gesamtbelegschaft, um Dinge zu kommunizieren. Die Frage ist nur, ob der Betriebsrat als Interessenvertretung autonom agieren, also die eigentlichen Interessen der Belegschaft in gleichem Ausmaß vertreten kann, und ob er die Funktion dahingehend erfüllen kann, die auf überbetrieblicher Ebene vereinbarten Normen im Betrieb sicherzustellen, also die Einhaltung des Kollektivvertrags und die Einhaltung der gesetzlichen Bestimmungen zu überwachen.

Ein Kollege von ABB (Asean Brown Boveri) hat in der Diskussion gesagt, die früher aufgespaltenen Gesellschaften werden nun wieder vereinigt. Das waren damals die Ersten, die sich extrem aufgespalten haben, aber das jetzt wieder zurücknehmen. Viele Unternehmen spalten sich derzeit noch auf. Wir sind also großteils noch auf dem anderen Dampfer, das heißt, die Einbindung der Belegschaft und auch des Betriebsrats in den Betrieb lässt so eine Kleinbetriebslogik oder eine Logik des Co-Managements entstehen. Mein Bruder arbeitet in einem kleinen Gewerbebetrieb in der Metallbranche, und als ich ihn fragte, ob er seinen Urlaub heuer denn nicht konsumiert, weil er ja fünf Wochen Anspruch hat und nur zwei davon nahm, sagt er mir: „Na ja, wir haben heuer so viele Aufträge, das geht sich diesmal beim besten Willen nicht aus, das kann ich meinem Chef nicht antun." Genau diese Kleinbetriebslogik kommt dann in diesen aufgespaltenen Einheiten zum Tragen. Hier stellt sich die Frage, wozu kollektive Regelungen dann überhaupt noch dienen.

Aber ein anderer Punkt ist auch, dass die Regelungen im Kollektivvertrag und im Gesetz viel schwerer anwendbar sind. Weil die neuen Arbeitsformen durch das Gesetz nicht abgedeckt sind, hat der Betriebsrat auch weniger Mittel zur Verfügung, mit dem, was in seinem Betrieb passiert, umzugehen. Das ist nicht nur eine Schwäche des Gesetzes, sondern es ist inzwischen auch so, dass die Vielfalt an Organisationsformen zugenommen hat. Wir haben heute auf der einen Seite Zustände wie im 19. Jahrhundert, wie zu Taylors Zeiten. Die Arbeit wird so zerstückelt, dass in der alten Form industrieller Rationalisierung vorgegangen wird. Man hat aber auf der anderen Seite diese neuen, hypermodernen Modelle, wo niemand mehr eine Arbeitszeitaufzeichnung braucht, weil es Vertrauensarbeitszeiten gibt. Man darf sieben Tage in der Woche und 24 Stunden am Tag in den Betrieb kommen. Man kann arbeiten, so lange man will, man muss nur seine Aufgaben erledigen. Und wenn man Glück hat, schafft man das in zehn Stunden am Tag. Das sind alles Tendenzen hin zu einer größeren Vielfalt, die man kaum mehr in gemeinsamen Regelungen beschreiben kann. Deshalb tut man sich auch in der Beziehung zwischen Gewerkschaften und Betriebsräten schwerer.

Aber worauf ich hinaus wollte, war, dass die Mitbestimmung der Form nach aufrecht bleibt. Die Betriebsräte sind außer in diesen Randbeispielen, wo wirklich gekämpft werden muss und wo Methoden des 19. Jahrhunderts Platz greifen, in den modernen Unternehmen nicht in Frage gestellt. Es ist klar, dass dann, wenn statt Betriebsräten Vertrauensleute eingerichtet werden, es höchst unwahrscheinlich ist, dass Arbeitnehmerinteressen ernsthaft vertreten werden, weil die Unabhängigkeit der Vertreter nicht gegeben ist. Aber umgekehrt formuliert, wenn die Interessenvertretung ein Betriebsrat ist, heißt das auch nicht notwendigerweise in jedem Fall, dass originäre Arbeitnehmerinteressen mit Nachdruck durchgesetzt werden. Das Unternehmen kann auch den Betriebsrat als Instrument der Betriebsführung einsetzen. Es ist also die zentrale Frage, wie diese Einbindung des Betriebsrats in die gewerkschaftliche Arbeit gelingt.

Hier ist die Diskussion im Moment so gelagert, dass man zu Recht sagt, wir müssen das, was an sozialen Besitzständen und an Möglichkeiten der Mitwirkung erkämpft wurde, verteidigen. Das ist vollkommen richtig, denn die Rechte der Arbeitnehmer sind wesentliche Errungenschaften der Zivilisation und der Kultur. Das Problem ist jedoch dabei, dass dieses Projekt eher ein bewahrendes und kein bewegendes Projekt ist. Die Leute sehen zu wenig, wohin es geht. Und Demokratie kann nur als ständig fortlaufende Demokratisierung existieren. Es muss eine Entwicklung geben, es muss eine Entwicklungsperspektive existieren. Es muss Werte und Ziele geben, wofür es sich zu kämpfen lohnt. Hier möchte ich zwei Richtungen nennen, die schon angeschnitten wurden. Die eine wäre die Frage, die Anfang der 70er-Jahre eine wichtige Rolle gespielt hat. Ich meine die individuelle Mitbestimmung, die ja damals von konservativer Seite gegen die repräsentative ins Feld geführt wurde. Beim Arbeitsverfassungsgesetz ist man da aber zu wenig weit gegangen. Man muss die Beschäftigten, die jetzt selbst im Betrieb mehr bestimmen können und ein höheres Bildungsniveau und auch mehr Verantwortung haben, stärker in die Interessenvertretung einbeziehen. Sie sollten sich auch selbstständig vertreten können.

Individuelle Mitbestimmung ist der eine Aspekt. Der andere ist der der gewerkschaftlichen Organisation in den Betrieben. Wie emanzipiert man die Interessenvertretung von der Gefahr des Betriebsegoismus? Diese Gefahr wird immer stärker, weil alle unter dem

Druck stehen, ihre Arbeitsplätze abzusichern. Wie kann man diese Gefahr in einem gesamtgesellschaftlichen Widerstand gegen die Diktatur der Finanzmärkte abwenden, die sich über Renditeforderungen und das Shareholder-Value-Prinzip auf die Betriebe auswirkt?

Pilz: Ich habe aus Ihrem Referat mitgenommen, dass es so etwas wie eine schleichende Vereinnahmung der Betriebsräte für die Interessen des Unternehmens gibt, indem man sagt, ihr müsst das mittragen, ihr tragt Verantwortung, weil es auch euer Unternehmen ist. Das bedeutet einen klassische Spaltpilz für die Gewerkschaft, denn wie kann ein Gewerkschaftsfunktionär dagegen argumentieren, wenn der Betriebsrat sagt: „Bitte stört uns nicht, wir wollen unser Unternehmen retten und wir sind mitgefangen, mitgehangen." Ich habe einem Ihrer Beiträge entnommen, dass es zur Erringung einer Subvention aus dem Europäischen Sozialfonds die Unterschrift der Betriebsräte braucht. Da ist man als Betriebsrat plötzlich auch ein bisschen Unternehmer, denn die Subvention kann entscheidend für das Unternehmen sein. Herr Dr. Schindler, ergeben sich dadurch Konflikte zwischen Gewerkschaft und Betriebräten, die auf diese Art ein bisschen zu Unternehmern geworden sind?

René Schindler: Zu dieser konkreten Frage kann ich nur sagen, das dies eine Frage dessen ist, wie gut man als Gewerkschaft seine Hausaufgaben gemacht hat. Das ist auch der Punkt in der bisherigen Diskussion. Tatsächlich sind wir aus meiner Sicht manchmal zu sehr fasziniert von den neuen Entwicklungen in der Arbeitswelt und übersehen, dass wir viele sehr wesentliche Entwicklungen der Vergangenheit noch nicht bewältigt haben. Wüssten wir, wie wir mit der kleinsten Betriebslogik – der Gewerbebetriebslogik – umgehen, dann wären alle diese neuen Formen der Arbeitsorganisation bei weitem nicht so bedrohlich, wie sie sich tatsächlich darstellen. So aber wenden wir uns fasziniert neuen Aufgaben zu, und diese Aufgabe harrt seit dreißig bis vierzig Jahren der Erledigung, weil sie in den eigenen Reihen ein bisschen untergeht. Die Probleme gelten irgendwie als altmodisch und sind nicht „hip".

Dasselbe gilt natürlich auch für Fragen wie die angesprochene individuelle Mitbestimmung, die sich auch als Problem nicht so hart stellen würde, hätten wir die Frage des internen Unternehmertums und die Frage der internen Demokratie in unseren Organisationen – sei es sowohl in den Gewerkschaften als auch in den Betriebsräten –

mit ein bisschen mehr Schwung angepackt. Die Beschäftigten sollten auch die Erfahrung haben, wie sehr sie sich in die Beschlussfassung der Betriebsräte – aber auch der Gewerkschaften – persönlich einbringen können. Weil es hier gravierende Defizite gibt, ist das Angebot des Unternehmers dann manchmal verlockender als das des Betriebsrates. Das ist ein uraltes Problem, das wir längst hätten lösen müssen. Und so ergibt sich die Antwort auf die Frage, wie leicht ich in einen Interessenkonflikt mit dem Betriebsrat kommen kann, aus Gewerkschaftssicht eigentlich genau so: Wenn der Kontakt stimmt, wenn das Vertrauen und die Zusammenarbeit gut sind und das Anerkennen einer entsprechenden Kompetenz vorhanden ist, dann ergeben sich hier aus meiner Erfahrung keine Konflikte. Wir haben auch die spannendsten Erpressungssituationen gemeinsam und auch mit einer wohlkalkulierten „Militanz" immer sauber auflösen können, wenn dieses Vertrauen da war. Um es plastisch zu beschreiben: Der Betriebsratsvorsitzende, der vom Vorstand zwei Stück Papier auf den Tisch gelegt bekommt – das eine ist ein kollektivvertragswidriges Arbeitszeitmodell und das andere ist ein Bauauftrag für ein Unternehmen in der Tschechischen Republik, wo das entsprechende Grundstück schon gekauft ist – und der Vorstandsvorsitzende sagt, entweder Sie unterschreiben das eine oder ich unterschreibe das andere. Das ist eine Situation, die natürlich für den Kollegen, der dort als Betriebsratsvorsitzender tätig ist, eine hohe Herausforderung darstellt, denn er muss abschätzen, ob diese Verlagerungsdrohung ernst zu nehmen ist.

Pilz: Und wie schaut die wohlkalkulierte Militanz dann aus?

Schindler: Die wohlkalkulierte Militanz hat in diesem konkreten Fall so ausgesehen, dass der Betriebsratsvorsitzende zunächst unterschrieben hat, um der drohenden aktuellen Erpressung auszuweichen, und nachdem wir uns gemeinsam mit den Experten der Arbeiterkammer einigermaßen vergewissert hatten, dass die Verlagerungsdrohung nicht plausibel ist, weil der Betrieb technologisch einfach zu hoch gerüstet war, haben wir nach einem Jahr gemeinsam mit dem Kollegen diese kollektivvertragswidrige, gesetzeswidrige Vereinbarung wieder aufgekündigt und dem Unternehmen zugleich klar gemacht, dass wir in einer Betriebsversammlung die Belegschaft über ihre tatsächlichen Rechte informieren werden. Wir haben dann die Frage der entgangenen Überstundenentgelte in den Raum gestellt und uns dann friedlich darauf geeinigt, dass weder verlagert wird noch irgendwelche Kampfschritte seitens des Unternehmers gesetzt werden und wir unsererseits für dieses eine Jahr den eingetretenen Nachteil hinnehmen und die entgangenen Überstundenentgelte nicht nachfordern. Das ist aber noch ein relativ zaghaftes Modell der Lösung, würde ich sagen.

Ein anders Beispiel ist die Gründung von Betriebsräten in Arbeitskräfteüberlassungsbetrieben und Arbeitskräfteverleihbetrieben, und wie man hier mit dem wohlkalkulierten Rechtsbruch zu einem Betriebsrat kommen kann. Das geht so: Man wählt einfach in irgendeinem Beschäftigerbetrieb mit der Gruppe von Leiharbeitern, die eben gerade da ist, einen Betriebsrat, obwohl das in aller Regel arbeitsverfassungsrechtlich nicht geht. Der Unternehmer kann dann diese Wahl bei Gericht anfechten, aber einstweilen hat er eine Gruppe von gewählten und geschützten Betriebsräten, die die Zeit nützen, das Unternehmen organisieren und eine Betriebsratswahl in Angriff nehmen, die dann wirklich für den Verleiher flächendeckend erfolgt. Den wohlkalkulierten Rechtsbruch setzen die Unternehmer jeden Tag ein, daher denke ich, dass die Belegschaft das gleiche Recht dazu hat. Diese Vorgangsweise ist aber zweifellos noch nicht die höchste Form der Militanz, die wir entwickeln können. Nur ist Militanz allein als Konzept nicht ausreichend, weil sie sich natürlich nur in bestimmten Strukturen umsetzen lässt.

Pilz: Nennen Sie ruhig noch weitere Beispiele, ich glaube, das ist für uns alle sehr interessant.

Schindler: Ich nenne gern ein paar weitere Beispiele, weil ich glaube, es ist vielleicht ganz gut, wenn wir gemeinsam ein wenig Mut schöpfen. Das soll jetzt nicht als Blauäugigkeit ausgelegt werden, gerade wenn man in der Praxis sitzt und mit diesen Problemen jeden Tag zu tun hat. Dort sieht man ganz klar, dass es natürlich immer wieder da und dort einen Bedarf an besseren Gesetzen gäbe. Wie Kollege Cerny ganz richtig sagte, sind die Unternehmer immer wieder einen Schritt voraus, bis wir diese Gesetze nachgebessert haben.

Ein klassisches Beispiel – es wurde bereits ABB angesprochen – ist die Frage, was passiert, wenn sich das Unternehmen umgliedert. Ich habe mir die dortigen Zahlen sagen lassen, weil mir das Beispiel in guter praktischer Erinnerung ist. 1991 gab es 15 ABB-Unternehmen allein in Österreich. 1999 sind es noch drei. Vor 1991 gab es nur eines. In dieser Phase von nicht ganz zehn Jahren hatte die Betriebsratsorganisation im Hinblick auf die Paragraphen 62b und c ArbVG die nicht geringe Aufgabe, jedesmal, wenn ein Betrieb ausgegliedert wurde, binnen vier Monaten einen neuen Betriebsrat zu Stande zu bringen, und immer wenn wieder fusioniert wird, alle diese einzelnen Betriebsräte binnen eines Jahres wieder zurechtzuschrumpfen zu einem gemeinsamen. Wie kommen wir eigentlich dazu, immer nachzuhüpfen, was uns die Unternehmer vorhüpfen? Kann das tatsächlich die Lösung sein?

Oder ist es da nicht in vielen Fällen einfach klüger, sich auf den wohlkalkulierten rechtsbrechenden Standpunkt zu stellen: Eigentlich handelt es sich noch immer um einen Betrieb, weil die technisch-organisatorische Einheit bestehen bleibt – auch wenn ausgegliedert wurde. Wir können dann sagen: „Wir wählen unseren Betriebsrat wie wir meinen, ihr könnt uns ja klagen." Das Verfahren dauert dann eineinhalb Jahre. Bis dahin hat sich die Organisation schon wieder geändert, und die Beweisaufnahme muss daher im Grunde wieder von vorne starten. Es handelt sich dabei praktisch um die Verhinderung der Rechtsdurchsetzung. Aber die Unternehmer bedienen sich ja ähnlicher Praktiken.

Publikum: Was wäre, wenn die Gerichte plötzlich schneller wären?

Schindler: Würden sie es werden, dann wäre das für die Arbeitnehmer in 90 Prozent der Fälle nur ein Vorteil. Ich bin schon sehr gespannt, ob die Gerichtsreform, die wir seit Jahrzehnten einfordern, aber nie wirklich zu Stande bringen, Wirklichkeit wird, sobald die Unternehmer vermehrt in die Klägerrolle gedrängt werden. Was die Reformierbarkeit der öffentlichen Verwaltung betrifft, bin ich allerdings skeptisch. Ich glaube nicht einmal, dass das Arbeitgeberinteresse dafür ausreichen wird.

Es gibt aber in diesem Bereich ein viel größeres Problem, das über die rechtlichen Ausgliederungen hinausgeht. Es handelt sich dabei um eine deutlich beobachtbare Tendenz, sich an japanischen Modellen mit Subunternehmen und Subsubunternehmen zu orientieren. Da wird man auch mit dem wohlkalkulierten Rechtsbruch Schwierigkeiten haben, wenn man beginnt, auch für die Sublieferanten gemeinsame Betriebsräte mit dem Stammwerk zu wählen. Man kommt hier allmählich in den Bereich der Nichtigkeit, und eine gute Kalkulation würde dagegen sprechen, diesen Weg zu gehen.

Ein alter Metallerspruch ist: „Zu Tode gefürchtet ist auch gestorben.“ Etliche dieser Bedrohungen von gestern sind aus meiner Sicht heute schon überholt. Zum Beispiel die angesprochene Teamarbeit. Da kann ich aus unserer Sicht nur abwinken und sagen, dass die Geschäftsführung doch kontinuierliche Verbesserungsprozesse und Teamgespräche installieren soll. Wo ein dynamischer Betriebsrat tätig ist, haben wir die Kollegen ganz schnell in unsere Vertretungsstruktur mit eingebaut und haben damit die besten Erfahrungen gemacht. Das General-Motors-Werk in Aspern ist ein lebendiges Beispiel, wie man das machen kann, ohne in irgendeiner Form in ein Konkurrenzproblem zu geraten. Natürlich hat man auch mit Vorarbeitern gelegentlich ein Problem, aber vom Prinzip her würde ich mit ziemlicher Gelassenheit sagen, dass es keine echte Herausforderung darstellt, die uns bedrückt.

Ein zweites Problem sind die Ausgliederungen bis hin zu Instandhaltung, Wartung und Lagerhaltung. Da hat General Motors Europe jetzt ein ganz großes Problem, weil das Unternehmen diese Strukturveränderungen praktisch überall durchgeführt hat und jetzt merkt, wie ineffizient das eigentlich ist. Nur ein kleines Dorf in Gallien – nämlich das Werk in Aspern – hat es mit einiger Mühe verstanden, sich diesem „Template-Prozess“ zu entziehen. Und jetzt machen sie plötzlich die Erfahrung, dass Aspern das bestgehende Werk Europas ist, was die Gewinnsituation betrifft. Dies deshalb, weil sie diese Ausgliederungen eben nicht gemacht haben und richtig eingeschätzt haben, wie notwendig es ist, dass die Instandhaltung, Wartung und der Lagerhaltungsbereich ins betriebliche Geschehen und auch in die Verbesserung und Neuentwicklung der Produkte einbezogen bleibt – einfach weil man sonst im internen Verbesserungsprozess hängen bleibt und sich Reibungsverluste schafft, die in Wahrheit weitaus mehr kosten, als man sich einsparen kann, wenn man sich von der Gewerbeseite zuliefern lässt. Das bedeutet, dass der Betriebsrat in diesem Fall – abseits aller Rechtsnormen – einfach der bessere Unternehmer sein musste und auch noch mit Kampfdrohungen agieren musste, denn er hatte ja keine rechtliche Handhabe. Das ist eine Anforderung, die ich für sehr hoch halte. Ich stimme dem Kollegen Cerny zu, dass wir, wenn wir uns die Frage stellen, welche rechtlichen Schritte wir setzen, in der Tat in die Betriebsorganisation ein bisschen mehr Beweglichkeit hineinbringen müssen.

Das klare und einfache Modell, das wir jetzt haben, ist einfach in sich ein wenig zu unbeweglich. Es besteht aus dem Betriebsrat auf der Betriebsebene, dem Zentralbetriebsrat auf der Unternehmensebene sowie der Konzernvertretung und schließlich dem Euro-Betriebsrat. Es wäre begrüßenswert, wenn uns das Gesetz die Möglichkeit gäbe, zumindest auf der Ebene des Kollektivvertrages abweichende Modelle zu schaffen. Ich sage aber auch dazu, dass man sich diese Politik sehr sorgfältig überlegen muss. Denn der Weg, den wir momentan auf europäischer Ebene gehen, erscheint mir als nicht sehr vorbildlich.

Wenn man die europäische Betriebsräte-Richtlinie betrachtet und jetzt auch die Mitbestimmungsvorschläge, die im Zusammenhang mit der nicht zu Stande gekommenen Richtlinie über die einheitliche europäische Aktiengesellschaft gekommen sind, dann gehen sie immer in dieselbe Richtung: Sie sagen, wir schaffen ein Grundmodell, das im Falle der Nichteinigung zur Anwendung kommt, aber im Grunde sollen sich Arbeitgeber und Arbeitnehmer auf Unternehmensebene einigen. Wenn man aber die Mitbestimmung auf Unternehmensebene verlegt, dann schafft man ein Mitbestimmungsmodell für Opel und ein anderes Mitbestimmungsmodell für Ford und ein weiteres Mitbestimmungsmodell für jeden einzelnen Konzern. Damit verstärkt sich die Tendenz, nicht nur nationale, sondern auch gesellschaftliche Regeln zu Gunsten betrieblicher Regelungen und einer – manchmal weltweiten – Betriebskultur aufzulösen.

Ich gebe zwar offen zu, dass mir als Lösungsmodell für die europäische Ebene auch noch nichts Brauchbares eingefallen ist, aber dass dieses Modell etliche Pferdefüße hat, das liegt klar auf der Hand. Daher würde ich uns alle auffordern, in dieser Hinsicht noch weiter nachzudenken und sich zu überlegen, welche besseren Strukturen man hier einrichten könnte.

Zuletzt zwei abschließende Bemerkungen: Das eine ist natürlich das ureigenste Anliegen eines Vertreters einer Arbeitergewerkschaft: Wir dürfen auch in dieser Diskussion nicht allein die Angestelltenperspektive fokussieren, so faszinierend das Problem der Internisierung und des Intrapreneurs ist. Dasselbe passiert auf der Arbeitnehmerebene, nur nicht mit dem Zuckerbrot einer freien Arbeitsorganisation, sondern mit der Peitsche der Zertifizierung. Hierbei wird genauso die Leistung total erfasst, und das mit dem für jeden Betriebsrat unabweislichen Hammer: „Wenn wir nicht zertifiziert werden, sind wir unsere Aufträge los." Also hier findet genau derselbe Prozess statt, nur unter äußerem Zwang statt unter der Versuchung einer freieren Arbeitszeitgestaltung und von mehr Selbstbestimmung.

Zweite Bemerkung: Auch was die Rechtsanwendung und Rechtsumsetzung betrifft, sind zwei deutliche Wege denkbar, die man gehen kann: Der eine Weg ist derzeit einigermaßen modisch, ist aber für viele Probleme sicher geeignet und interessiert mich daher auch persönlich. Ich meine damit, so etwas wie Schiedsrichter oder Mediatoren an die Stelle der Gerichte zu setzen. Das ist vom Ansatz her nicht schlecht und für eine Reihe von Problemen bei aufrechtem Arbeitsverhältnis geeignet, die man sonst nicht lösen könnte – wie etwa bei Streitigkeiten im Lehrverhältnis oder dessen Auflösung. Es ist eigentlich falsch, für einen entlassenen Lehrling ex post beim Arbeitsgericht zu klagen. Das bringt ihm nicht den Arbeitsplatz zurück, sichert nicht die Qualifikation, sondern bringt nur Geld – und leitet eine sozial mitunter bedenkliche Entwicklung ein.

Auch viele Fragen von sexueller Belästigung und Frauendiskriminierung sind bei aufrechtem Arbeitsverhältnis im Betrieb gerichtlich praktisch unlösbar. Die Erfahrung zeigt, dass die Opfer hintennach aus dem Betrieb entfernt werden. Das kann ja nicht das Ziel sein. Da können möglicherweise diese weichen Wege der Konfliktregelung durchaus sinnvoll sein.

Würde man sie aber verallgemeinern, träte an Stelle der gesellschaftlichen Normen und Gesetze, um die man vor Gericht streiten kann, die innerbetriebliche Verhandlungsebene mit Unterstützung der psychologischen Gesprächsführung. Und das kann nicht die Lösung sein. Hier muss es weitaus effizientere, viel stärker von Vorabentscheidungen und einstweiligen Entscheidungen gestützte Möglichkeiten geben, schnell und effizient Kollektivrechte durchzusetzen. Erste Schritte dazu sind etwa die relativ hohen Zinsendrohungen, die das Arbeits- und Sozialgerichtsgesetz kennt. Achteinhalb Prozent Zinsen für ausstehende Lohnansprüche sind in diesen Tagen schon ganz gut. Das mag einen Unternehmer zwar nicht sehr abschrecken, aber es ist immerhin ein Schritt in diese Richtung. Ein zweiter Schritt wäre die Einführung von Maßnahmen nicht nur der Feststellung, sondern auch der unmittelbaren Leistungspflicht als Folge einer Betriebsratsklage. Für den Fall, dass ein Unternehmer sich als immer wieder gerichtsfällig erweist, sollte man auch vor staatlichen Sanktionen nicht zurückschrecken. Also bei allem Respekt vor den Grenzen zwischen Zivil- und Strafgerichtsbarkeit, griffige Sanktionsmittel für den Arbeitgeber, der ganz offen und immer wieder das Recht beugt und den Rechtsbruch gezielt in Kauf nimmt, sollten wir uns schon auch überlegen.

Doch nun zu einigen weiteren Problemen, die sich ergeben können: Da ist das Problem der „Freiwilligkeit“ zu erwähnen. Das kennen wir in allen Bereichen. Im Arbeiterbereich sind es z. B. die freiwillig Mehrarbeitenden, die den Akkord immer höher schrauben, weil sie sich denken, wenn sie schneller arbeiten, verdienen sie mehr. Im Zuge dessen wird dann für alle der Akkordrichtsatz erhöht.

Ein anderes Problem ist, wie viele Überstunden gemacht werden dürfen. Dort kommt auf einmal der Betriebsrat in die Rolle, die Überstunden zu verbieten, und er ist der „Böse“, der verhindert, dass die Kollegen mehr Geld verdienen. Ich will das Problem in keiner Weise unterschätzen und ich denke auch, dass die Versuchungen in diesem Bereich immer stärker werden, nicht nur im Angestelltenbereich.

Wenn man Teile der Gastronomie betrachtet, entstehen neue Gruppenarbeitsverhältnisse – im Wesentlichen natürlich mit Teilzeitbeschäftigten, zum Teil auch Studenten, die sich untereinander ausmachen können, wer wann kommt. Es muss nur immer jemand da sein. Und alle Beteiligten empfinden diese Form, die für uns ziemlich unkorrekt ist, als durchaus in Ordnung. Dieses Modell passt nur für einen bestimmten Lebensabschnitt. So wie ja auch der freie Dienstvertrag eine Zeit lang zu den eigenen Lebensbedingungen passt. Ich habe einmal zynisch vorgeschlagen, es doch so zu machen: Von 20 bis 25 sollen immer die Werkvertragsregelungen gelten, von 25 bis 30 die Bestimmungen des freien Dienstvertrags, aber dann sollte es ein regulärer Arbeitsvertrag sein. Über die Pragmatisierung denken wir noch nach. *(Lachen)*

Aber im Ernst – worum es mir geht, ist nur, dass man beide Seiten sehen muss, und dass unsere Faszination für die gerade aktuellen Formen uns nicht darüber hinwegtäuscht, dass die alten Herausforderungen noch offen sind.

Das Schlichtungsmodell der „Elder Statesmen“, das bei Magna eingebracht wurde mit Franz Vranitzky als Schlichter, will ich nicht weiter kommentieren. Was Frank Stronach wirklich unternehmerisch zu Stande gebracht hat, darüber sind wir, glaube ich, alle gut informiert. Er ist überhaupt nur ganz nach oben geschwommen, weil er es geschafft hat, in einem Sektor, der sonst in Nordamerika hoch organisiert ist, gewerkschaftsfreie Betriebe heranzuzüchten. Das ist der eigentliche Grund seines Erfolgs und übrigens auch der eigentliche Grund, warum er so heftig mit uns streitet. Das hat Ferdinand Lacina einmal ganz richtig erkannt, und man sollte das in der Öffentlichkeit noch deutlicher sagen. Das ist aber schwer, denn es hat einfach keinen „News"-Wert. Man weiß, dass Stronach einmal pleite war und dass er in Kanada gewerkschaftsfrei agiert. Uns muss klar sein, dass Öffentlichkeitsarbeit eigenen Gesetzlichkeiten unterliegt, über die auch wir uns nicht hinwegsetzen können. Es liegt an uns, daraus interessante Geschichten zu machen und sie besser zu verkaufen, als wir es bisher tun.

Zuletzt noch eine Bemerkung: Die Ebene, auf der ein Betriebsrat errichtet werden kann, möchte ich eigentlich nicht vom Gesetz her zwingend definiert wissen, sondern man sollte sie mindestens per Kollektivvertrag basisdemokratisch auf Unternehmensebene festlegen können, ohne dass der Unternehmer gefragt wird. Ob man einen Standortbetriebsrat einrichtet oder ob für jeden einzelnen Betrieb ein Betriebsrat gewählt werden soll, ist doch eigentlich eine Frage, die die Arbeitnehmerschaft angeht und niemanden sonst.

Diskussion

Cerny: Ich beginne mit einer Anmerkung zu Jörg Flecker und der Diskussion über Teamarbeit und Gruppenarbeit. Die Anregung, dass in den Betriebsratskörperschaften stärker teamorientiert gearbeitet werden sollte, möchte ich vollinhaltlich unterstützen. Ich glaube, es ist eine große Chance, durch die die Effizienz der Betriebsratstätigkeit verstärkt werden kann. Die andere Diskussion – nämlich Teamarbeit oder Gruppenarbeit als Alternative zur repräsentativen Interessenvertretung zu sehen, da bin ich vorsichtiger. So neu sind die Dinge nicht. In den 70er-Jahren, als wir im mitteleuropäischen Bereich – vor allem in Österreich und der Bundesrepublik – noch voll auf die Verrechtlichung der repräsentativen Mitbestimmung in der Arbeitsverfassung setzten, ist in Skandinavien die große Welle der autonomen Arbeitsgruppen ausgebrochen. Ich war Mitte der 70er-Jahre selbst in Norwegen und Schweden und habe mir die Musterbetriebe als neue Form der Mitbestimmung angesehen. Man kann zwar mit solchen Modellen die Arbeitszufriedenheit und das individuelle Wohlfühlen verbessern, und – als angenehmen Nebeneffekt für die Unternehmer – die Produktivität erhöhen. Damals schon haben die skandinavischen Gewerkschaften aber erkannt, dass solche Modelle im höchsten Maß entsolidarisierend sind. Der Konkurrenzkampf untereinander, so wie er beschrieben worden ist, ist in solchen Modellen nahezu systemimmanent, und wenn es nicht gelingt, eine kollektive Kontrolle und Regelung überzuordnen, treten genau diese Effekte ein, die zur Folge haben, dass in Wirklichkeit keine Interessenvertretung mehr auf einer gemeinsamen Basis besteht. In Skandinavien hat man damals versucht, mit Regelwerken für die Spielräume und beim Ablauf solcher Gruppenarbeit und auch mit der Gewerkschaftsgegenmacht im Betrieb, die Gewerkschaft als Gesamtvertretung im Betrieb zu destabilisieren. Man hat aber darauf geachtet, dass die kollektiven Interessen gesichert bleiben. Ich glaube, hier sollte man sehr vorsichtig sein, was dahinter steckt. Das ist aber kein Plädoyer für das starre Festhalten an unseren jetzigen Organisationsstrukturen.

Hier möchte ich eine Antwort auf die Frage geben, wie Flexibilisierung aussehen könnte: Im Wesentlichen stimme ich mit René Schindler überein. Der Hauptansatzpunkt ist die Organisationsstruktur, die Anknüpfung, an welche Organisationseinheit wir die kollektive Interessenvertretung binden. Und nachdem wir gehört haben – und ich teile diesen Befund aus vielen persönlichen Erfahrungen –, dass der Betriebsbegriff, der Unternehmensbegriff und der Konzernbegriff sich ständig verändern, meine ich, dass wir selbst und autonom die beste Form der Organisationsanknüpfung finden sollten.

Das heißt im Klartext: Wenn René Schindler festgestellt hat, dass für die Kleinbetriebe die derzeitige Rechtslage, Betriebsräte zu wählen, schlicht und einfach nicht funktioniert, dann ist das für mich ein Indiz, dass man wahrscheinlich die falsche Struktur dort entwickelt hat. Es ist in einer Gruppe von vielleicht sechs miteinander arbeitenden Leuten, die Interessenlage und Betroffenheit wahrscheinlich eine völlig andere, als wenn man in einem 5.000-Mann-Betrieb in einer Schicht steht. Das heißt, dort müssten andere Formen der Anknüpfung, aber eben unter der Kontrolle der Gewerkschaften über die Kollektivverträge gefunden werden, und ich bin so wie René Schindler hier auch sehr vorsichtig. Man muss schon sehr aufpassen, wenn man jetzt auf die Betriebsebene selbst über den Kollektivvertrag geht, dass nicht alles zerfließt und in eine völlig andere Mitbestimmungskultur übergeht. Das kann dann zum Stronach-Syndrom führen, wo in Wirklichkeit nur die Macht des Unternehmers dahinter steht.

Und es kann durchaus auch sein, ohne dass man „Mitbestimmung light" oder „Betriebsverfassung light" als Alternative schafft, man konkret Mitbestimmungsrechte wie zum Beispiel den Versetzungsschutz in einer Gruppe von sechs Arbeitnehmern anders konstruiert als in einen Großbetrieb, wo Möglichkeiten der Versetzung in einem viel größeren Rahmen bestehen. Wie das aussehen kann, müssen wir uns überlegen.

Ich hoffe, ich bin in meinem Einleitungsstatement nicht falsch verstanden worden. Ich habe nicht für die Abschaffung von Betriebsräten plädiert, sondern ich sage, dass wir selbstverständlich weiterhin Betriebsräte brauchen, aber solche, die mit besseren Rechten als jetzt ausgestattet sind. Wir brauchen Betriebsräte, die eine noch bessere Ausbildung bezüglich der gegenwärtigen Veränderungen in der Arbeitswelt haben. Und hier sind ganz besonders bestimmte Gruppen von den Privatisierungsentwicklungen betroffen, wie etwa die Eisenbahner und die Postler, die jetzt vor ganz besonderen Problemen stehen. Für sie sind das wirklich neue Situationen, wo auch das Handwerkszeug, das wir den Betriebsräten in jahrzehntelanger Ausbildung vermittelt haben, noch nicht vorhanden ist. Und deswegen bieten wir ja gesondert die Kooperation mit den Betriebsräten an, um hier weiterzuhelfen. Es gibt sehr viele Kollegen in der Gewerkschaftsbewegung, die an diesen Entwicklungen ganz intensiv arbeiten.

Anfang September fand im Forum Jägermayrhof ein Symposium über neue gewerkschaftliche Organisationsformen statt, wo es genau um dieses Thema ging: „Wie können wir auf die jetzige Entwicklung, auf die jetzige Struktur mit wirksamen Formen der Interessenvertretung antworten?“ Eine der Antworten könnte sein, dass wir viel stärker als bisher informelle Netzwerke in der Kommunikation über Betriebsgrenzen, über Unternehmensgrenzen und auch über Ländergrenzen hinweg einrichten und nutzen, und das, was heute – zum Teil auch zu Recht – als Herrschaftsinstrument dargestellt wird – nämlich die neuen Informationstechnologien –, für unsere Interessenvertretung nutzen. Auch ich habe kein fertiges Patentrezept, aber ich glaube, wir sind viel zu sehr auf die bestehenden Formen fixiert und nutzen zu wenig die Chancen, die uns ja eigentlich offen stehen.

Flecker: Zum Punkt Teamarbeit möchte ich betonen, dass Teamarbeit nicht gleich Teamarbeit ist – oder Gruppenarbeit. Es kommt immer darauf an, was das genau im Betrieb heißt. Ich glaube, es geht nicht mehr, dass man diese neuen Arbeitsformen verteufelt und sie einfach nicht haben will. Denn sie enthalten so viele attraktive Angebote für die Leute, dass man sich von Seiten der Interessenvertretung sehr schwer tut, sich dagegen zu stellen. Zum Beispiel, wenn es darum geht, dass sich jemand selbstständig macht und vom Betrieb weiterhin Aufträge bekommt. Viele Leute sind begeistert, dass sie die Bürokratie endlich los sind. Später sind sie vielleicht enttäuscht, weil es doch nicht so gut läuft und weil sie mehr Risiko haben. Aber mit dem erhobenen Zeigefinger zu sagen: „Ihr werdet schon sehen, das geht nicht gut aus“, das kann nicht der Weg sein. Man muss fragen, was die entscheidenden Probleme dabei sind.

Um darauf zurückzukommen, was René Schindler zur Teamarbeit gesagt hat: Es ist die Frage, ob es bei einer Teamarbeit in der Produktion im Hintergrund eine Vereinbarung über Lohn- und Leistungsrelation gibt, ob es noch eine Zeitbemessung gibt oder ob alles völlig offen ist. Der Knackpunkt dabei ist, ob im Hintergrund noch die Zeit bestimmt wird oder nicht. Diese Frage ist ganz entscheidend dafür, ob es zu diesem „Hyäneneffekt“ kommt oder ob man die Situation noch im Griff hat. Das heißt einfach, man muss jeden einzelnen Organisationsschritt darauf überprüfen und kann praktisch nicht mehr sagen, es ist insgesamt gut oder insgesamt schlecht.

Nun zum Problem der Ausbildung für Betriebsräte: Natürlich werden die Aufgaben immer schwieriger. Die Veränderung vollzieht sich immer schneller. Hier stellt sich wirklich die Frage, wie das mit der Ausbildung zu bewältigen ist. Die Unternehmensseite hat Beraterstäbe zur Hand, wenn es um diese Fragen geht. Es gibt sehr viele neue Themen in den Betriebsratsschulungen, aber immer weniger Zeit, überhaupt auf Schulungen zu fahren. Es muss schon auch Beratungsangebote geben, damit Betriebsräte, die ja auch Betriebspolitiker sind, Fachleute zur Hand haben, die den Inhalt liefern. Man kann in vielen Fällen nicht zuerst einen Kurs machen, um inhaltlich kompetent zu sein.

Und das Zweite betrifft die Teamarbeit und die Delegation. Sehr viele machen in der Praxis die Erfahrung, dass die Kollegen nicht mitmachen, wenn man als Betriebsrat etwas in Bewegung setzen will. Man steht allein da, und wenn man sich umdreht, kommt niemand nach. Auf der anderen Seite merkt man aber in diesen neuen Arbeitsformen, dass es den Leuten schon wichtig ist und es ihnen gefällt, dass sie in ihrer Arbeitsumgebung oder in Vereinen selbst etwas gestalten können. Ich glaube, es gibt eine Vielzahl von Möglichkeiten im Betrieb, Arbeitskreise einzurichten, wo sich die Leute engagieren. Ich denke nur beispielsweise an diese mangelnde Umsetzung des Solidaritätsprämienmodells zur Umverteilung der Arbeit. Es scheitert daran, dass es praktisch nicht in Anspruch genommen wird.

Da gäbe es Geld für diejenigen, die die Arbeitszeit verkürzen, damit neue KollegInnen eingestellt werden können. Das sind Themen, wo sich Leute selbst engagieren können und nicht immer der Betriebsrat gefordert ist.

Abschließend betrachtet, denke ich, dass eine Gefahr darin liegt, dass die materiellen Grundlagen für Appelle an die „Betriebsgemeinschaft" günstiger werden. Die historischen Anklänge an Austrofaschismus und Nationalsozialismus sind da nicht ganz unberechtigt, obwohl das in Wirklichkeit ein ganz anderes Thema ist, wie ich betonen möchte. Denn dieses Einbinden der Lohnabhängigen in das Betriebsinteresse und das Ausblenden des Klassengegensatzes wird durch solche materiellen Entwicklungen wie Konkurrenz zwischen Einheiten in Konzernen, das „Benchmarking", wo unter Druck gesetzt und verglichen wird und wo man fast nur mehr aufs eigene Überleben schauen kann, befördert. Das „Wir" der Solidarität ist dann nur mehr der Betrieb und nicht die Klasse der Lohnabhängigen, und darin liegt ein ganz entscheidender Umbruch und eine neue Aufgabe, die zu bewältigen ist.

Die Rolle der Mitbestimmung in neuen Managementformen und Unternehmenskulturen

Klaus Peters

Moderation: **Wolfgang Greif**

Wolfgang Greif: Das Programm des Symposiums lässt erkennen, dass wir ein sehr umfassendes Thema nicht erschöpfend diskutieren können, sondern nur von den verschiedensten Gesichtspunkten andiskutieren. Wir hatten gestern eine sehr spannende Diskussion über juristische, aber auch politische Herausforderungen der Mitbestimmung. Wir wollen aber nicht nur bei dieser juristischen und politikwissenschaftlichen Betrachtung stehen bleiben, sondern es war uns auch wichtig, einen soziologischen, psychologischen bzw. philosophischen Blick auf die Thematik zu werfen.

Und es freut mich sehr, dass ich einen Querdenker, Vordenker und Nachdenker für das nächste Referat gewinnen konnte und Klaus Peters hier begrüßen darf. Klaus Peters ist als freier Philosoph in Köln auch in der Lehre tätig. Für uns wichtig und interessant ist Peters in seiner langjährigen Tätigkeit auch als Berater und Mitarbeiter von Betriebsräten und Gewerkschaften. Er arbeitet mit der IG Metall in Deutschland zusammen und er kooperiert sehr viel mit dem Gesamtbetriebsrat bei IBM.

Wir selber sind auf Klaus Peters gestoßen als jemand, der uns das Thema „Mitbestimmung" und eigentlich die Frage „Warum haben wir als Gewerkschaften und als Betriebsräte das Problem, anschlussfähig zu bleiben mit unserem wichtigen Produkt. Wir bieten euch Schutz, wir bieten euch Mitbestimmung und sind verwundert, dass unser Produkt uns nicht wie heiße Semmeln aus der Hand gerissen wird" näher erläutert. Ich glaube dieser soziologische Ansatz bringt uns einen weiteren Horizont in der Debatte neben den juristischen und politischen Aspekten.

Klaus Peters: Ich möchte im Folgenden die These aufstellen und verteidigen, dass die Mitbestimmung heute nicht nur vor größeren Schwierigkeiten steht als früher, sondern dass sie vor Schwierigkeiten steht, die den Sinn von Mitbestimmung selber in Frage stellen. Sie werfen sogar die beunruhigende Frage auf, ob es überhaupt noch klug ist, Mitbestimmung zu fordern. Ich werde – zur Beruhigung sei es vorweggeschickt – diese Frage bejahen, möchte aber möglichst deutlich machen, dass sich dieses Ja nicht von selbst versteht und dass Umwege nötig sind, wenn man diese Antwort begründen will.

Wenn man den Blick für die neuartige Problematik öffnen will, ist es notwendig, sich über den ursprünglichen Sinn von Mitbestimmung noch einmal zu verständigen. Mitbestimmung zielt ja darauf ab, jemandem, der bestimmt, was getan werden soll, in den Arm zu fallen und zu sagen: „Halt! Du bestimmst nicht alleine, wir bestimmen hier mit." Und natürlich braucht man für eine solche Intervention Machtpositionen, die ihr die erforderlichen Durchsetzungschancen eröffnen.

Aus dieser Perspektive erscheint das alleinige Bestimmungsrecht des einen, nämlich des Arbeitgebers, zunächst nur als eine Gefahr oder Schikane, gegen die man sich wehren muss. Und in der Tat, darum handelt es sich ja auch. Die Veränderung, um die es bei der Mitbestimmungsproblematik heute geht, bekommt man aber erst dann in den Blick, wenn man sich fragt, was für einen praktischen Zweck dieses Alleinbestimmen des Arbeitgebers für die Abläufe im Unternehmen hat. Vertrackterweise hat es nämlich eine produktive Funktion für das Unternehmen. Sie liegt darin, dass erst durch die Bestimmungsgewalt des Arbeitgebers aus den Menschen im Unternehmen eine Organisation wird.

Was heißt Bestimmung in diesem Fall? Bestimmung heißt hier, dass der abhängig beschäftigte Arbeitnehmer während der Arbeitszeit nicht einfach tun kann, was er will, sondern tun muss, was ihm gesagt wird. Sie begegnet dem Einzelnen in Gestalt einer Weisung, eines Befehls. Und die Reaktion auf eine Anweisung oder einen Befehl ist ein Gehorsam, ein Folgen, nämlich die Unterordnung des eigenen Willens unter den Willen eines anderen. Das heißt: wir haben in den Unternehmen eine Struktur von Weisungsbefugten und Weisungsgebundenen, von Befehlserteilern und Befehlsempfängern. Nennen wir sie Kommandosystem oder mit dem englischen Ausdruck „command and control". Und eben diese Struktur macht aus einem Haufen von selbstständig handelnden Individuen eine Organisation, die geführt und in ihrem Funktionieren für bestimmte Zwecke optimiert werden kann.

In einem solchen System ist die Arbeitszeit diejenige Zeit, in der ich nicht tun kann, was ich selber will, sondern in der ich tun muss, was jemand anderes will, der mich mit Strafen bedrohen kann für den Fall, dass ich mich weigere zu tun, was ich tun soll. Dafür, dass ich mir das gefallen lasse, werde ich bezahlt, und weil ich gerne bezahlt werden will, lasse ich mir das gefallen. Wenn die Arbeitszeit aufhört, beginnt die Freizeit, die sich von der Arbeitszeit gerade in diesem Punkt unterscheidet: In der Freizeit kann ich endlich wieder tun, was ich selber will.

Organisation, das ist die Pointe, auf die es dabei ankommt, entsteht hier durch Unterordnung des eigenen Willens unter einen anderen Willen; der Grad der Organisiertheit eines Unternehmens entspricht dem Ausmaß der Unselbstständigkeit des Handelns der abhängig Beschäftigten während der Arbeitszeit.

Die Mitbestimmungsforderung greift genau an dieser Stelle in das Herrschaftsgefüge eines Unternehmens ein. Sie kann es aber nur in dem Maße – und das ist der erste Aspekt, den ich hier besonders hervorheben möchte –, indem sie sich auf das Kommandosystem, d. h. auf das Organisationsprinzip des Unternehmens einlässt und sich an ihm orientiert. Sie will den Arbeitgeber in seiner Kommandantenrolle erwischen und ihm in sein Kommandantenhandwerk hineinregieren. Dadurch geschieht etwas außerordentlich Folgenreiches, für das wir unter den alten Bedingungen so gut wie blind gewesen sind: die Arbeitnehmermitbestimmung wird nämlich vom System von „command and control“ abhängig.

Ich will das am Problem der Arbeitszeit erläutern. Unter den Bedingungen des Kommandosystems hat der Arbeitgeber ein naturwüchsiges Interesse daran, die Einhaltung der Arbeitszeit durch die Beschäftigten zu kontrollieren. Im Arbeitsvertrag kauft er Arbeitskraft für eine bestimmte Zeit. Daraus ergibt sich ganz automatisch, dass er ein Interesse daran hat zu überprüfen, ob er auch bekommt, was er bezahlt hat. Er macht das zum Beispiel mit der Stempeluhr. Mit der Stempeluhr kontrolliert der Arbeitgeber, ob die Arbeitnehmer tun, was sie tun sollen – nämlich die Arbeitszeit einhalten –, und nicht etwa tun, was sie tun wollen z. B. nach Hause gehen.

Das Interessante ist nun, dass die Mitbestimmung dieses Kontrollinstrument des Arbeitgebers besetzt. Sie dreht den Spieß um und macht aus dem Kontrollinstrument des Arbeitgebers eine Institution zur Verteidigung der Interessen der Arbeitnehmer. Der Gedanke heißt: wenn der Arbeitgeber mit einem solchen Instrument die Einhaltung der Arbeitszeit kontrolliert, dann können wir Arbeitnehmer mit diesem – eben seinem – Instrument unsererseits kontrollieren, ob der Arbeitgeber sich unbezahlte Arbeitszeit aneignet. Wenn die Arbeitszeit abgelaufen ist, können sich die Beschäftigten ihrerseits auf die Stempeluhr berufen und den Arbeitgeber daran erinnern, dass mit seinem Weisungsrecht Schluss ist. Wenn er darüber hinaus noch etwas von seinen Untergebenen will, muss er nicht nur um Erlaubnis fragen – beim Betriebsrat –, sondern er muss auch zusätzlichen Lohn für Überstunden zahlen und so weiter und so fort. Das heißt: Die Formen der Macht bilden sich in denen der Gegenmacht ab. Der Arbeitgeber kann mit der Stempeluhr kontrolliert werden, weil er selbst mit der Stempeluhr kontrolliert. Die Arbeitnehmer kontrollieren ihren Kontrolleur.

Nun können wir gegenwärtig miterleben, wie dieses Verhältnis von Kontrolle und Gegenkontrolle ins Schlingern kommt. Wodurch kommt es ins Schlingern? Es kommt ins Schlingern, weil immer mehr Arbeitgeber auf die Zeiterfassung zu verzichten beginnen oder sie zumindest aufweichen. In vielen Unternehmen wird die Stempeluhr regelrecht abmontiert – bei IBM schauen nur noch die Bolzen aus der Wand, wo die Uhr einmal hing. Die Arbeitnehmer dürfen in diesen Betrieben kommen und gehen, wann sie wollen. Kein Mensch kontrolliert das.

Damit wird den Betriebsräten und auch den Gewerkschaften ein ganz entscheidendes Instrument der Interessenvertretung aus der Hand geschlagen. Man könnte geradezu von einer Entwaffnung der Belegschaften in der Arbeitszeitfrage sprechen. Eine Überwachung der Aneignung unbezahlter Arbeitszeit durch den Arbeitgeber ist in dem Moment, in dem die Zeiterfassung wegfällt, nicht mehr möglich, und das wäre beinahe ein Grund, das gute alte Kontrollinstrument des Arbeitgebers von Arbeitnehmerseite zu verteidigen, und ich weiß, dass sehr viele auch tatsächlich spontan so reagieren.

Bevor man sich mit dieser Reaktion auseinander setzt und sich mit sich selbst darüber zu verständigen beginnt, ob eine Verteidigung der Zeiterfassung richtig oder falsch ist, muss man sich in aller Radikalität noch einmal die Frage stellen, wieso der Arbeitgeber es sich denn leisten kann, auf dieses Kontrollinstrument zu verzichten. Das halte ich für die Schlüsselfrage für das Verständnis der veränderten Situation bei der Mitbestimmung. Es ist damit zugleich die Schlüsselfrage für die „Politikfähigkeit“ von Beschäftigten, Betriebsräten und Gewerkschaften unter den neuen Bedingungen. Der Arbeitgeber kann dem Betriebsrat das Kontrollinstrument ja nur dadurch aus der Hand schlagen, dass er auch seinerseits darauf verzichtet, die Arbeitnehmer betreffend die Einhaltung der Arbeitszeit zu kontrollieren. Und die Frage, die als Erste beantwortet werden muss, lautet: Warum, zum Teufel, kann er sich diesen Verzicht auf Kontrolle leisten?

Die Bedeutung, die diese Frage hat, kann man indirekt an der Konjunktur ablesen, die das Wort „Vertrauen" im Arbeitgebermund zurzeit hat. Es hat gar keine andere Funktion, als den Blick auf diese entscheidende Frage zu verstellen. Ich habe mit Vergnügen gesehen, dass der Titel dieses Symposiums diesen entscheidenden Aspekt zur Sprache bringt. Vertrauen, sagen die Arbeitgeber, soll an die Stelle von Kontrolle treten. Sie wollen uns also weismachen, dass das Organisationsprinzip von „command and control" neuerdings durch wechselseitiges Vertrauen abgelöst werden soll. „Wir müssen euch nicht mehr kontrollieren, weil wir euch ab sofort vertrauen!"

Das ist natürlich lächerlich. In einem gewissen Sinne könnte man in der Tat davon reden, dass die Arbeitgeber jetzt anfangen zu vertrauen, aber sie fangen nicht an, der Belegschaft zu vertrauen, sondern sie vertrauen einem völlig neuen Organisationsprinzip, das sich in völlig neuen Managementtechniken ausdrückt, die jetzt in die Unternehmen eingeführt werden und die dazu führen und es überhaupt erst möglich machen, dass die Abschaffung der Zeiterfassung sich für den Arbeitgeber rechnet.

Ich hatte eben über die Bestimmungsbefugnisse des Arbeitgebers geredet und gesagt, das System von „command and control", von Befehl und Gehorsam, mache es für den Arbeitgeber völlig unabweisbar, die Einhaltung der Arbeitszeit zu kontrollieren, weil die Arbeitszeit die Zeit der Unterordnung meines eigenen Willens unter einen fremden Willen ist, und diese Zeit der Unterordnung unter einen fremden Willen wird nun mal nicht aus eigenem Willen eingehalten. Wenn es sich für den Arbeitgeber rechnen soll, dass die Zeiterfassung abgeschafft wird, dann setzt das voraus, dass die Organisation des Unternehmens nicht mehr durch die Unterordnung des Willens der Arbeitnehmer unter den Willen des Arbeitgebers erreicht wird, sondern – ich will es mal auf ein Schlagwort bringen – dass an die Stelle der Unterordnung des eigenen Willens unter einen fremden Willen die Instrumentalisierung des eigenen Willens für das Unternehmen gesetzt wird.

Das ist der Übergang, mit dem wir es zu tun haben. Wir haben es nicht damit zu tun, dass Vertrauen an die Stelle von Kontrolle tritt.

Wir haben es auch nicht damit zu tun, dass an die Stelle des Kommandosystems nun ein herrschaftsfreier Raum im Unternehmen tritt und die alten Macht- und Eigentumsverhältnisse verschwinden, sondern wir haben es damit zu tun, dass die alten Macht- und Eigentumsverhältnisse sich in einer neuen Herrschaftsform realisieren. Diese neue Herrschaftsform zu begreifen, ist außerordentlich schwierig. Man kommt aber nicht darum herum, wenn man die neue Situation in der Mitbestimmungsfrage verstehen und politikfähig bleiben will. Das Prinzip des Kommandosystems ist leicht zu verstehen, weil wir uns an einem übersichtlichen Modell orientieren können: Wir haben zwei Individuen vor Augen, von denen der eine dies will und der andere jenes. Es kommt zu einem Konflikt, und der Stärkere setzt sich durch. Bei der indirekten Steuerung tritt aber an die Stelle dieses übersichtlichen Konflikts ein beinahe unsichtbares Wechselverhältnis, nämlich dasjenige meines Willens zu unwillkürlich ablaufenden Prozessen. Es ist dies ein Verhältnis, dass wir nur allzu leicht übersehen – ein Umstand, den die neue betriebliche Herrschaftsform ausnützt. Ich will es in unseren Blick rücken, indem ich zu einem Beispiel greife. Als Beispiel sollen wir selbst dienen, die wir hier in diesem Raum sitzen.

Die Tatsache, dass wir hier sitzen, ist das Resultat von willentlichen Entscheidungen. Jeder von uns hat irgendwann eine Entscheidung getroffen, hierher zu kommen, sich hier hinzusetzen usw. Das sind Willensentscheidungen, und als Resultat dieser Willensentscheidungen ist diese Situation hier entstanden. Während wir aber hier sitzen und uns mit Mitbestimmung befassen, laufen in uns und um uns alle möglichen Prozesse von selber ab, ohne dass wir es wollen – unwillkürlich. Zum Beispiel atmet jeder von uns. Man muss dafür nicht jedesmal eine Entscheidung treffen oder sich wieder und wieder erinnern, dass man atmen will. Oder: unser Herz schlägt! Auch das muss man nicht willentlich steuern. Das passiert von selbst, wir müssen es nicht selbst entscheiden.

Das sind Beispiele für unwillkürlich ablaufende Prozesse. Und nur weil diese Prozesse unwillkürlich ablaufen, haben wir überhaupt die Chance, irgendwann einmal auch willentlich etwas zu entscheiden. Wenn diese unwillkürlichen Prozesse nicht unwillkürlich ablaufen würden, wären wir, ohne Übertreibung sei es gesagt, auf der Stelle tot. Unser Wille wäre mit der Steuerung dieser Prozesse schlechterdings überfordert. Wenn man erkennen will, was diese unwillkürlich ablaufenden Prozesse mit der neuen Herrschaftsform in den

Unternehmen zu tun haben, kommt es darauf an, die wechselseitige Abhängigkeit zwischen den unwillkürlichen Prozessen und den willentlichen Entscheidungen zu verstehen.

Natürlich atme ich von selbst – unwillkürlich – und muss das nicht jedesmal entscheiden. Aber was passiert, wenn mir jemand ein Kissen auf das Gesicht drückt? Ich entwickle einen vehementen Willen, möglichst schnell wieder Luft zu holen. Das heißt, der unwillkürlich ablaufende Prozess bestimmt in einer gewissen Weise den Willen, den ich in dieser Situation habe. Noch deutlicher kann man es beim Essen erkennen: Wenn man satt ist, wird man von selbst wieder hungrig. Das erfordert keine besondere Entscheidung. Aber wenn wir hungrig sind, dann wollen wir selbst wieder satt werden, und wir richten unsere Tätigkeiten danach aus, dass wir möglichst bald wieder etwas zu essen haben.

Das heißt: unser eigener Wille wird von einer von uns selbst völlig unabhängigen Dynamik unwillkürlicher Prozesse bestimmt – und dies in sehr hohem Maße. Man kann sogar fragen, ob wir überhaupt einen freien Willen haben und ob wir nicht nur ein Spielball unwillkürlich ablaufender Prozesse sind. Diese Frage plagt die Philosophen seit vielen Jahrhunderten. Ich will diese Frage heute hier nicht fortsetzen. Für ein Verständnis der neuen Managementtechniken hat ein anderer Aspekt Vorrang, nämlich dass nicht nur unser Willen von unwillkürlich ablaufenden Prozessen abhängt, sondern auch umgekehrt unwillkürlich ablaufende Prozesse von unserem Willen. Das klingt paradox! Die unwillkürlich ablaufenden Prozesse heißen ja gerade deswegen so, weil sie nicht von unserem Willen abhängen! Daraus folgt aber verwirrenderweise nicht, dass diese Prozesse nicht willentlich beeinflusst werden können!

Kehren wir zu unserem Beispiel zurück! Mein Herz schlägt, wie es will, und wenn ich sage „Schlag schneller!“, kümmert es sich darum überhaupt nicht, sondern schlägt so weiter, wie es seiner Natur entspricht. Das bedeutet aber nicht, dass ich meinen Willen in Bezug auf meinen Herzschlag nicht doch durchsetzen könnte. Ich darf es nur nicht in der Gestalt von „command and control“ versuchen, indem ich meinem Herzen einen Befehl oder eine Weisung gebe. Ich muss es geschickter anfangen. Wenn ich zum Beispiel Medikamente einnehme oder viele Tassen Kaffee trinke oder ganz schnell um dieses Gebäude laufe, dann reagiert mein Herz so, dass am Ende, obwohl mein Herz nichts tut, was es nicht von sich aus tut, genau das herauskommt, was ich will, nämlich dass mein Herz schneller schlägt.

Was habe ich da gemacht? Ich habe durch die Einnahme von Medikamenten, Kaffee, Drogen oder durch schnelle Bewegung die biochemischen Rahmenbedingungen verändert, auf die mein Herz reagiert. Ich habe mein Herz sozusagen vor eine Herausforderung gestellt und gesagt: „Das sind jetzt deine neuen Rahmenbedingungen, sieh zu, wie du damit umgehst." Und daraufhin tut mein Herz genau das, was ich will.

Zu dieser Form der Beeinflussung will ich „indirekte Steuerung" sagen. Das beste Beispiel für die indirekte Steuerung liefert die Biotechnologie – im Unterschied zur direkten Steuerung, mit der die mechanische Technik arbeitet. Moleküle oder Atome kann man nicht mit einer Pinzette von links nach rechts schieben; man kann sie auch nicht zusammenschrauben. Sie reagieren aber auf ihre Rahmenbedingungen. Bringen wir sie also in ein Behältnis, in dem sie reagieren können, wie sie wollen, nämlich in ein Reagenzglas. Wenn ich ihre Naturgesetze kenne, dann kann ich die Prozesse in einem solchen Reagenzglas steuern, indem ich die Rahmenbedingungen der Moleküle entsprechend arrangiere: Ich stelle zum Beispiel einen Bunsenbrenner unter das Glas und drehe die Flamme hoch, werfe zusätzliche Chemikalien ins Glas usw. Und wenn ich alles richtig mache, kommt allein dadurch, dass die Moleküle das tun, was sie selber „wollen", am Ende genau das heraus, was der Biotechniker will. Das ist indirekte Steuerung.

Von der Biochemie bis zur Unternehmenssteuerung ist es natürlich ein weiter Weg! Im Unternehmen hat man es schließlich nicht mit Molekülen und Atomen zu tun, sondern mit lebendigen Menschen, die sich von Molekülen und Atomen nicht zuletzt dadurch unterscheiden, dass sie einen eigenen Willen haben, und die darüber hinaus mit Bewusstsein begabt sind, so dass sie sich über ihre eigene Situation kritische Gedanken machen können. Und gerade dieser ihr eigener Wille hat es notwendig gemacht, das Kommandosystem einzuführen, um zu einer Organisation im Unternehmen zu kommen, nämlich durch Unterordnung des eigenen Willens unter den fremden.

Die Entdeckung der neuen Managementtheorien besteht nun gerade darin, dass der eigene Wille und das Bewusstsein der Menschen einer Übertragung des biochemischen Steuerungsprinzips auf Menschen nicht unbedingt im Wege steht. Die Lösung besteht darin, die Abhängigkeit des eigenen Willens von unwillkürlich ablaufenden Prozessen mit der indirekten Steuerung unwillkürlich ablaufender Prozesse zusammenzubringen.

Wir haben gesehen, dass unser eigener Wille von unwillkürlich ablaufenden Prozessen abhängig ist – ich will selber wieder etwas zu essen haben, weil ich von selbst hungrig geworden bin. Wenn ich diese unwillkürlichen Prozesse willentlich steuern kann, dann kann ich also über die indirekte Steuerung unwillkürlich ablaufender Prozesse den eigenen Willen von Menschen beeinflussen, der von unwillkürlichen Prozessen abhängig ist. Das hört sich komplizierter an, als es ist. Um es zu erklären, greife ich zu einem Beispiel, das jedem bekannt sein wird, den Prozess des Betrunkenwerdens.

Wenn ich am Abend beschließe, zwei Flaschen Bier zu trinken, dann habe ich eine klare Willensentscheidung getroffen, die man eine freie Entscheidung nennen kann. Wenn ich nun anfange, meinen Willen in die Tat umzusetzen und den Alkohol in mich hineinlaufen lasse, verändere ich willentlich unwillkürlich ablaufende Prozesse in meinem eigenen Körper. Der Alkohol verändert als eine neue Rahmenbedingung die Prozesse, die sich in meinen Organen abspielen. Das habe ich gewollt! Ich habe da aber offenbar etwas gewollt, was am Ende dazu führt, dass ich etwas anderes will als am Anfang. Wenn ich nämlich die zweite Flasche Bier getrunken habe, kann ich überhaupt nicht mehr verstehen, warum ich anfänglich nur zwei trinken wollte – und keine dritte! Jetzt, nach der zweiten, will ich etwas anderes als vorher. Das heißt: ich bin auf Grund einer willentlichen Beeinflussung eines unwillkürlich ablaufenden Prozesses am Ende bei einem neuen Willen angekommen. Nach der zweiten Flasche Bier fühle ich mich entspannt und eigentlich erst richtig auf meinem eigenen Niveau und greife beherzt zur dritten Flasche. Danach nimmt das Verhängnis dann seinen bekannten Lauf – von Flasche zu Flasche.

Weil eine solche willentlich herbeigeführte Veränderung eines menschlichen Willens über die indirekte Steuerung unwillkürlich ablaufender Prozesse möglich ist, kann das Steuerungsprinzip der Biotechnik in Wirtschaftsunternehmen eingeführt werden und dort das System von „command and control“, das Kommandosystem, ersetzen. Das neue System der indirekten Steuerung soll, wie gesagt, erreichen, dass der eigene Wille des Beschäftigten nicht mehr gebrochen werden und unter den fremden Willen eines Vorgesetzten untergeordnet werden muss, sondern dass er instrumentalisiert werden kann für den Unternehmenszweck durch die indirekte Steuerung, so dass sich dieser Unternehmenszweck genau dann durchsetzt, wenn die Beschäftigten tun, was sie selber wollen.

Das bedeutet für das Unternehmen – das ist der ganz große Vorteil der Arbeitgeber dabei –, dass das selbstständige Handeln der Beschäftigten auf die Mühlen des Unternehmens geht – dass der eigene Wille des Beschäftigten ein Antrieb wird und sogar der Hauptantrieb zur Steigerung der Produktivität des Unternehmens wird. Es geht darum, so könnte man es auch sagen, die Leistungsdynamik eines Selbstständigen in ein unselbstständiges, in ein abhängiges Beschäftigungsverhältnis zu importieren. Die indirekte Steuerung ist die Antwort der Managementtheoretiker auf die Frage, wie das denn überhaupt möglich sein soll – trotz der scheinbaren Unvereinbarkeit von Selbstständigkeit und Unselbstständigkeit.

In der Arbeitszeitfrage, um darauf noch einmal kurz zurückzukommen, heißt das, dass wir eine Situation bekommen, in der die Beschäftigten die Arbeitszeit nicht mehr auf Anweisung überschreiten, sondern in der die Beschäftigten die vereinbarten Arbeitszeiten von sich aus überschreiten. Und in dem Moment, in dem das passiert, wenn diese Situation da ist, ist auch klar, dass die Zeiterfassung für den Arbeitgeber zu einer unproduktiven Angelegenheit wird, weil sie die Arbeitnehmer nur unnützerweise darauf aufmerksam macht, dass sie die Arbeitszeit überschreiten.

Die Situation, die damit für die Mitbestimmungsproblematik entsteht, ist außerordentlich kompliziert und geht an den Kern der Sache. Es ist eine Situation, die dadurch ausgezeichnet ist – ich wiederhole es noch einmal –, dass die selbstständige Entscheidung des Einzelnen dem Unternehmen zugute kommt. Man könnte in einem gewissen Sinne davon reden, dass die Arbeitgeber den Arbeitnehmern nicht bloß die Mitbestimmung, sondern sogar die Selbstbestimmung geben. Sie sagen: „Ihr könnt jetzt in der Arbeitszeit tun und lassen, was ihr wollt." Eines der Losungsworte der neuen Managementtheoretiker heißt: „Tut, was ihr wollt, aber seid profitabel! Ihr müsst selbst sehen, dass sich eure Arbeitskraft verkauft, dass euer Produkt am Markt unterkommt. Ihr müsst euch mit dem Kunden auseinander setzen."

Die berühmte Kundenorientierung ist eines der zentralen Mittel, diese neue Situation herzustellen. „Ich Unternehmer, ich beschränke mich darauf, die Rahmenbedingungen im Unternehmen zu arrangieren, die Konfrontation der Belegschaft mit dem Weltmarkt, mit der Konkurrenz, mit den Banken, mit den Überlebensbedingungen des Unternehmens, und sage dann: ‚So Leute! Die Sicherheit eurer Arbeitsplätze ist ab sofort eurer eigenes Problem. Damit müsst ihr euch selbst auseinander setzen!'"

Es fehlt hier die Zeit, die Funktionsweise dieser Managementtechniken eingehender zu erklären. Ich möchte mich auf einen ganz anderen Punkt konzentrieren, nämlich auf die Frage, was für Konsequenzen die indirekte Steuerung für die Betriebsräte und für die Gewerkschaften hat: Ich habe vorhin anhand der Stempeluhr zu erklären versucht, wie eng alle Mittel der Gegenwehr gegen Arbeitgeberwillkür und Überziehung von Machtbefugnissen an das Kommandosystem gekoppelt sind. Im Kommandosystem stehen die Gewerkschaften und ganz besonders die Betriebsräte vor einer bestimmten Aufgabe, nämlich Menschen, die ihren Willen unterordnen sollen, vor anderen Menschen zu schützen, die im Betrieb die Macht haben, ihren Willen durchzusetzen. Diesen Schutz zu bieten und zu organisieren, das ist unser angestammtes Terrain, darin sind wir gut, das können wir.

Wenn nun aber Arbeitnehmer anfangen, von sich aus die Arbeitszeiten zu überschreiten, selber gegen ihre eigenen Interessen zu verstoßen, dann kommen Betriebsräte, die an den herkömmlichen Politikformen fest halten, in die vertrackte Lage, dass sie da, wo sie früher im Konflikt mit dem Arbeitgeber waren, in einen Konflikt mit der Belegschaft kommen: Sie müssten ja nun die Interessen der Beschäftigten gegen diese selbst verteidigen!

Das ist das große Problem von Betriebsräten überall da, wo die neuen Organisationsformen Einzug halten, und reflektiert sich in der Frage vieler Betriebsräte: Wie bekommen wir überhaupt noch Kontakt zur Belegschaft?

Es entstehen Konflikte im Unternehmen, in denen typischerweise der Arbeitgeber überhaupt nicht mehr vorkommt, oder der Arbeitgeber stellt sich sogar auf die Seite der Belegschaft gegen den Betriebsrat, nämlich als Vertreter der Selbstständigkeit, der eigenen Entscheidungsbefugnisse der Arbeitnehmer. Er denunziert die Betriebsräte als Bevormunder der Mitarbeiter und lässt den Betriebsrat als das letzte übrig gebliebene Stück der Kommandowirtschaft erscheinen, während er, der Arbeitgeber, die neue Selbstständigkeit ins Unternehmen eingeführt hat.

Die strategische Frage, die sich unter diesen Bedingungen stellt, ist: Wie kommen wir aus der Konfrontation mit der Belegschaft heraus und in die Konfrontation mit dem Arbeitgeber hinein? Nun ist das nicht durch einen einfachen Beschluss und durch guten Willen zu machen. Dass die Forderung richtig ist, sieht ja jeder, aber die schwierige Frage heißt: Wie denn?

Ich glaube, ein Hauptproblem, vor dem wir in dieser Situation stehen, und das auch über das Wohl und Wehe der Mitbestimmung entscheidet, besteht darin, dass wir in dieser Situation politische Bastionen erfolgreich verteidigen können und trotzdem verlieren! Nehmen wir zum Beispiel den Kollektivvertrag. Wenn wir im Kollektivvertrag eine schwer erkämpfte Bestimmung über die Verkürzung der Arbeitszeit haben, und diese Bestimmung wird von den Kolleginnen und Kollegen in den Betrieben selbst unterlaufen, indem sie länger arbeiten, als sie müssten, was bedeutet das? Das bedeutet zunächst einmal, dass sie in ihrer eigenen Praxis am Arbeitsplatz erkennen, dass dieses wichtige Instrument „Kollektivvertrag“ für die Frage, was sich bei ihnen am Arbeitsplatz abspielt, keine Rolle mehr spielt. Und es bedeutet zweitens sogar, dass sie eventuell sogar ein Interesse an der Verlängerung der vereinbarten Arbeitszeiten haben, weil sie sagen, wir arbeiten ohnehin 48 Stunden, und wenn im Kollektivvertrag steht: „39 Stunden“, dann ist das für uns schlecht. Schreibt doch lieber „45“ hinein, dann bekommen wir wenigstens das bezahlt. Solche Argumentationen gibt es. Im Schatten dieser politischen Atmosphäre in den Unternehmen haben die Arbeitgeber sehr gute Chancen, vertragliche Arbeitszeitverlängerungen durchzusetzen.

Die Frage wäre also: Was muss man machen, um die klassischen Bastionen der Mitbestimmung auf eine neue Art und Weise zu fundieren? Und da kann ich es mir, leider Gottes, einfach machen und sagen: Wie das geht, weiß ich auch nicht! Wir stehen vor einer Situation, in der man die neuen politischen Antworten auf diese neuen Herausforderungen erst noch finden muss. Ich komme aber trotzdem nicht mit völlig leeren Händen, denn etwas anderes kann man in der Tat schon machen. Wir können nämlich notwendige Bedingungen angeben, die für eine solche Lösung auf jeden Fall gelten und an denen man sich orientieren kann, wenn man sich vor die Aufgabe stellt, eine betriebspolitische Antwort auf diese neuen Bedingungen zu entwickeln.

Die Grundbedingung heißt: Politische Kraft von Betriebsräten und Gewerkschaften kann in einer Situation, in der wir es mit einer zunehmenden Selbstständigkeit der Arbeitnehmer am Arbeitsplatz zu tun haben, nur aus dieser zunehmenden Selbstständigkeit erwachsen und nicht gegen sie durchgesetzt werden. Wer als Opponent, als Verhinderer von neuer Selbstständigkeit auftritt, verliert! Ich halte es nicht für übertrieben zu sagen, dass diese Bestimmung so etwas wie eine allgemeine Definition der Verliererposition in dieser Situation ist. Dieser Gefahr müssen die Gewerkschaften und vor allem die Betriebsräte entgehen.

Mehr Selbstständigkeit der Arbeitnehmer am Arbeitsplatz ist gut! Punkt. Das, worum es jetzt geht, ist die Entdeckung, dass das, was unzweifelhaft gut ist, unter Umständen gefährlich wird – dass nämlich ein Mehr an Arbeitnehmerselbstständigkeit nicht etwa automatisch eine Humanisierung am Arbeitsplatz bewirkt, sondern dass eher das Gegenteil der Fall ist. Die Situation verschärft sich. Aber darauf dürfen wir nicht mit einer Verteidigung der alten Frontverläufe reagieren, sondern wir brauchen eine neue politische Antwort auf die neuen, mit der indirekten Steuerung verbundenen Gefahren. Und diese Antwort kann man nur dann finden – darauf wollte ich hinaus –, wenn es gelingt, politische Formen zu finden, die das Mehr an Selbstständigkeit zu einer Energiequelle für die Entwicklung von Gegenmacht in den Unternehmen machen, wenn das Mehr an Selbstständigkeit der Arbeitnehmer die Institutionen der Mitbestimmung stärkt und nicht gefährdet.

Ich denke, dass die Mitbestimmung schon für die Durchsetzung solcher Lernprozesse in den Unternehmen eine absolut entscheidende Bedeutung hat. Um einigermaßen gewaltsam zum Schluss meines Referats zu kommen, will ich einen Katalog von sechs Funktionen aufstellen, die die Mitbestimmung in dieser komplizierten Übergangsphase meiner Meinung nach hat und die sie als Voraussetzung für ihre eigene Weiterentwicklung unverzichtbar machen.

Punkt 1: Wir sind in einer Übergangsphase. Es wird nicht mit einem Lichtschalter das Alte abgeschafft und das Neue eingesetzt. Die Kommandostrukturen sind überall noch weit verbreitet. Wir haben einen komplizierten Übergang vor uns mit vielen Zickzackbewegungen, Ungleichzeitigkeit nicht nur von Unternehmen zu Unternehmen, sondern auch von Betrieb zu Betrieb im selben Unternehmen. Es ist sehr viel Altes noch da. In dieser Situation auf herkömmlichen Formen der Mitbestimmung zu verzichten, wäre Selbstmord. Hier gilt: weiter so wie bisher! Es muss auch in Zukunft auf klassische Art und Weise Betriebsratsarbeit gemacht werden.

Punkt 2: Das Verständnis der neuen Managementformen muss in die Unternehmen hineingetragen werden! Die Kolleginnen und Kollegen müssen begreifen, was es mit diesen neuen Managementformen auf sich hat. Das, was ich heute hier ausgeführt habe, versteht sich darum nicht nur als theoretisches Hintergrundwissen, das man für die Politikentwicklung braucht. Ich glaube vielmehr, dass es ein notwendiges Moment zukünftiger Politikentwicklung sein wird, das Wissen über die indirekte Steuerung in die Unternehmen hineinzutragen, den Kolleginnen und Kollegen das weiterzuerzählen, damit sie selbst verstehen, was unter den neuen Bedingungen mit ihnen geschieht. Das Molekül, das im Reagenzglas sitzt, fängt an, für die indirekte Steuerung gefährlich zu werden, sobald es begreift, dass es im Reagenzglas sitzt. In diesem Augenblick fängt es an geltend zu machen, dass Menschen Menschen sind und keine Moleküle oder Atome. Solange die Menschen diese ihre neue Lage nicht begreifen und nur die teils angenehmen, teils unangenehmen Konsequenzen der neuen Selbstständigkeit erleben, sind sie wehrlos – wie die Moleküle und Atome. Das heißt: Selbstständigkeit allein macht noch nicht stark. Man muss sich darüber hinaus ein selbstständiges Verhältnis zu dieser neuen Selbstständigkeit erarbeiten und sich die neue Selbstständigkeit aneignen. Dafür haben wir überhaupt kein anderes Mittel, als das theoretische Wissen in die Belegschaft hineinzutragen – als Betriebsräte, als Institutionen der klassischen Mitbestimmung, so wie sie erkämpft worden sind.

Punkt 3: Neue Politikformen finden! Was wir brauchen, sind Verständigungsprozesse der Kolleginnen und Kollegen an der Basis. Die neuen Managementformen machen aus den sozialen Zusammenhängen zwischen den Menschen im Unternehmen eine Art Reagenzglassituation. Das heißt, sie lassen sie aufeinander reagieren als Funktionsträger im Betrieb – als Servicenehmer und Servicegeber. Die Kolleginnen und Kollegen setzen sich wechselseitig unter Druck: „Ich schaffe meine Arbeit nicht, weil du zu langsam bist." Wieder ein typischer Fall, wie an die Stelle des Konflikts zwischen Arbeitnehmer und Arbeitgeber ein Konflikt zwischen Arbeitnehmern untereinander tritt. „Peer-to-peer-pressure" nennt man das bei IBM. Das ist etwas, wogegen man sich schützen muss, und das Hauptmittel ist, dass die Menschen im Betrieb anfangen, als Menschen miteinander zu sprechen und nicht nur als Funktionsträger des Unternehmens. Sie müssen anfangen darüber zu reden, dass sie Schwierigkeiten haben, wie es ihnen mit der indirekten Steuerung geht. Unter den Bedingungen der indirekten Steuerung geschieht genau das Gegenteil – unwillkürlich. Da breiten sich „success-stories" aus, in denen jeder jedem erzählt, wie hervorragend er mit allen Anforderungen zurechtkommt. Im Ergebnis hat jeder den Eindruck, dass er der Einzige ist, der Probleme hat, der verzweifelt ist und nicht mehr weiter weiß. Solche Erfolgsstory-Kulturen muss man durchbrechen und eine

Verständigungskultur im Unternehmen zu etablieren versuchen, in der die Menschen sich wirklich mitteilen, wie es ihnen tatsächlich ergeht. Das ist sehr schwierig, weil die Technik der indirekten Steuerung einen Kampf ums Überleben inszeniert, in dem es gefährlich ist, eigene Schwächen und Schwierigkeiten offen zuzugeben.

Punkt 4: Ich halte es für ein absolutes Schlüsselproblem, dass die Betriebsratsgremien über ihre neue Rolle unter den Bedingungen der indirekten Steuerung zu reden anfangen. Ich weiß nicht, inwieweit die Prozesse in den Unternehmungen hier schon entwickelt sind. Überall da, wo ich es beobachten kann, ist es so, dass die Konfrontation mit den neuen Bedingungen zu enormen Konflikten innerhalb der Betriebsratsgremien führt. Das kann auch gar nicht anders sein. Man darf das nicht als große Katastrophe betrachten. Man muss aber lernen, damit umzugehen. Man hat es damit zu tun, dass die neue Herrschaftsform im Betrieb ein völlig neues Selbstverständnis des einzelnen Betriebsrats, ja ein neues Rollenverständnis erforderlich macht. Und das kann man nicht von heute auf morgen erreichen. Dafür ist ein gemeinsames Erarbeiten erforderlich, wenn die resultierenden Konflikte die Betriebsratsarbeit nicht lähmen sollen. Die Betriebsräte müssen aus der Situation heraus, dass sie im Wesentlichen Probleme für andere lösen. Wir müssen vielmehr in die Rolle hinein, anderen zur Selbsthilfe zu helfen, und dabei auch lernen, von uns selber – also auch: von unseren eigenen Schwierigkeiten – zu reden. Zum Beispiel in der Frage: Wie gehe ich (z. B. als Betriebsrat) mit meiner Zeit um? Arbeite ich länger, als ich eigentlich will? Wenn ja, warum? In solchen Fragen ist ja keiner Spezialist oder Profi. Da geht es den Betriebsräten zunächst genauso wie den anderen auch. Auch an dieser Stelle ist ein Reden von Mensch zu Mensch erforderlich und viel weniger als früher von Funktion zu Funktion.

Punkt 5: Den Arbeitgeber in die Auseinandersetzungen zurückholen! Da, wo er verschwindet oder zu verschwinden scheint, muss man deutlich machen, dass der Arbeitgeber seine Hände im Spiel hat, ihn identifizieren als denjenigen, der die Rahmenbedingungen des Handelns der Arbeitnehmer bestimmt. Dazu ist ein besonderer Aufwand nötig, weil es auf Grund der indirekten Steuerung eben so aussieht, als ob er nicht mehr da wäre oder nichts dafür kann und nur der Weltmarkt an allem Schuld sei. Früher war es ganz einfach: Der Arbeitgeber hat eine Anweisung gegeben, alle haben sich geärgert, und man brauchte nur mit dem Finger auf ihn zu zeigen: Da ist er, er hat das gesagt, dass ihr das tun sollt, was ihr eigentlich nicht wollt oder was für euch schlecht ist. Aus dieser Rolle ist er verschwunden. Heute hat man Mühe, den Arbeitgeber in seiner neuen Rolle als Biotechniker des „Humankapitals" zu identifizieren. Das ist auch etwas, was nur aus der Position bereits errungener Mitbestimmungspositionen geschehen kann.

Schlussendlich gibt es eine sechste Funktion für die Mitbestimmung unter diesen Übergangsbedingungen, und die besteht darin, Kontakte zwischen Betriebsräten unterschiedlicher Unternehmen herzustellen, betriebsübergreifende, unternehmensübergreifende Verständigungsprozesse unter Betriebsräten einzuleiten. Ich wüsste nicht, wer das heute machen könnte, außer den Gewerkschaften. Auch da zeigt sich, dass man dieser neuen Situation völlig hilflos gegenüberstünde, wenn man die Mitbestimmung nicht hätte.

Diskussion

Greif: Meine Frage, die ich als Erste stellen möchte: Ist das ein Prozess, den wir nur im Angestelltenbereich beobachten können – du hast viele Erfahrungen aus dem Bereich der EDV-Branche bei IBM –, oder gehst du so weit, dass du sagst, das ist ein sich durchsetzender allgemeiner Prozess?

Peters: Ich denke, dass wir es mit einem Prozess zu tun haben, der bei den hoch qualifizierten Angestellten anfängt und sich langsam bis in den gewerblichen Bereich durchsetzt und dass wir es auf den verschiedenen Ebenen mit verschiedenen Erscheinungsformen der indirekten Steuerung zu tun haben. Indirekte Steuerung sieht im gewerblichen Bereich anders aus als in den Forschungs- und Entwicklungslabors, aber sie wird sich auch dort durchsetzen. Überraschenderweise kommt der Hauptwiderstand gegen diese These von Wissenschaftlern und von Menschen, die von diesem Prozess relativ weit entfernt sind. Wenn man zum Beispiel mit Arbeiterbetriebsräten über diese Frage redet, sagen die (meiner eigenen Erfahrung nach): „Das ist bei uns nicht mehr viel anders als bei den Angestellten!" Also diejenigen, die das vor Ort sehen, die bestätigen es mir eigentlich immer.

Wenn zum Beispiel im gewerblichen Bereich Gruppenarbeit gemacht wird und eine Gruppe von Arbeitern dafür verantwortlich gemacht wird, dass bestimmte Maschinen laufen, und dann wird Personalabbau betrieben oder ein Kollege wird krank, dann sorgen die Übriggebliebenen genauso dafür, dass die Maschinen weiterlaufen, als wenn sie noch vollständig wären. Da hat man dasselbe Phänomen, das man bei Angestellten hat: Die gehen auch sonntags in den Betrieb und kontrollieren, ob die Maschine noch einwandfrei läuft. Wenn solche Erscheinungen da sind, kann man sicher sein: Hier ist indirekte Steuerung am Werk. Das Prinzip, die Funktionalisierung des eignen Willens des Individuums für den Unternehmenszweck, statt Unterdrückung des eigenen Willens durch einen fremden, das Prinzip ist hier dasselbe wie im Angestelltenbereich. Es ist einfach zu produktiv für das Unternehmen, die Selbstständigkeit des Individuums für sich arbeiten zu lassen.

Publikumsfrage: Können theoretisch auch die Mitbestimmungsinstitutionen für die indirekte Steuerung instrumentalisiert werden?

Das ist eine ganz wichtige Frage. In der Tat könnte man sagen: Es gehört beinahe zum System der indirekten Steuerung – zumindest in den Ländern, in denen starke Mitbestimmungspositionen da sind –, Betriebsräte, Vertrauensleute usw. in den Prozess der indirekten Steuerung einzubinden. Dass man sich dieser Gefahr nicht einfach entziehen kann, scheint mir klar, denn die Antwort auf die Übertragung von Unternehmerverantwortung auf die Arbeitnehmer kann ja nicht darin liegen, dass man sagt: „Diese zusätzliche Verantwortung wollen wir nicht haben!"

Jedes Mehr an Zuständigkeit der Arbeitnehmer ist im Prinzip gut! Das heißt, die Arbeitnehmer werden in Zukunft auch sehr viel mehr unternehmerisches Wissen brauchen als früher. Es darf nur nicht alles sein! Wenn man der Funktionalisierung der Mitbestimmungsinstitutionen für die indirekte Steuerung wirksam begegnen will, muss man neben den Kommunikationsstrukturen der indirekten Steuerung – ich meine damit so etwas wie die Mitarbeitergespräche oder Verhandlungen über Zielvereinbarungen – autonome Verständigungsstrukturen aufbauen, Gegenräume, wenn man so sagen kann, in denen die Menschen als Menschen und nicht in der Funktion, die sie für das Unternehmen haben, miteinander reden. An dieser Stelle müssen die Betriebsräte den Grund legen für den Kontakt mit den Mitarbeitern – da, wo es nicht um die Frage geht: Wie steigern wir die Produktivität des Unternehmens?, sondern wo es um die Frage geht: Wie geht es uns selber? Was geschieht mit uns unter den Bedingungen der indirekten Steuerung? Wie kommt es, dass wir uns selbst unter Druck setzen, ohne es zu wollen? Und was wollen wir mit unserem eigenen Leben anfangen? Und was sind denn eigentlich die wirklichen Hindernisse, die uns daran hindern, unsere eigenen Interessen wahrzunehmen, und uns dazu bringen, gegen unser eigenes Interesse zu verstoßen? Das sind komplizierte, langwierige, schwierige und teilweise auch an Tabus stoßende Verständigungsprozesse, die da fällig sind, und die muss man davor schützen, dass sie funktionalisiert werden für die Produktivitätssteigerung des Unternehmens. Da, denke ich, haben die Mitbestimmungsinstitutionen eine ganz wichtige Aufgabe.

Publikumsfrage: Inwieweit spielt bei der Zulassung der indirekten Steuerung durch die Arbeitnehmer die Angst vor dem Verlust des Arbeitsplatzes eine Rolle? Dient diese existenzielle Angst als Motor für die Funktionalisierung durch indirekte Steuerung?

Auch das ist eine ganz wichtige Frage. Dazu möchte ich noch etwas sagen: Vieles, was in diesem Symposium über die Angst der Arbeitnehmer gesagt wurde, ist völlig richtig und trifft den Nagel auf den Kopf. Ich denke nur, dass es umgekehrt genauso wichtig ist zu sehen, dass es nicht nur die Angst ist, die hier funktionalisiert wird. Es geht um einen viel weitreichenderen Zugriff der Unternehmen auf das Individuum. Mettler-Toledo war eines der ersten Unternehmen in Deutschland, in dem die indirekte Steuerung eingeführt wurde; der Chef von Mettler-Toledo, Herr Tikat, hat die indirekte Steuerung wirklich gut begriffen, und er hat sie auf eine sehr raffinierte Art und Weise in seinem Unternehmen umgesetzt – viel raffinierter, als das zurzeit riesige Konzerne machen. In einem mittelständischen Unternehmen ist es vielleicht auch ein bisschen einfacher. Dieser Mensch hat das aufschlussreiche Wort von sich gegeben: „Menschen muss man nicht motivieren, Menschen sind motiviert."

Worum geht es? Die Vorstellung, dass der Mensch von Natur aus faul ist, ist eine Vorstellung, die das Kommandosystem uns nahe legt. Im Kommandosystem sieht es so aus, als wenn der Mensch nur arbeitet, wenn hinter ihm jemand steht und ihm Anweisungen gibt, ihm eine Strafandrohung verpasst, ihm eine Belohnung verspricht usw. Es sieht dann so aus, als wenn der Paradieszustand des Menschen darin läge, dass er überhaupt nichts mehr tun müsste. Jeder,

der sich einmal in dieser Lage befunden hat, wird feststellen, dass es außerordentlich öde ist, wenn man überhaupt nichts zu tun hat. Das heißt, der Mensch läuft eigentlich mit vielen Antrieben herum, er hat Lust zu allem Möglichen, er ist neugierig, viele Tätigkeiten machen ihm Spaß. Das ist die wahre Ausgangssituation. Dass Arbeit etwas Furchtbares ist – diese Vorstellung kommt erst nachträglich auf, nämlich durch die Erfahrung, dass Arbeit etwas Fremdes ist, etwas, was sich gegen mich richtet und mir mein Leben raubt. Das Ursprüngliche ist, und das ist sozusagen das, was dieser neuen Managementrichtung das Wasser im Munde zusammenlaufen lässt, dass die Menschen alle möglichen Motive haben. Und diese Motive, mit denen die Menschen schon herumlaufen, bevor irgendeine komplizierte Motivationswissenschaft sie ihnen künstlich einpflanzt, sind der Rohstoff, der gemeint ist, wenn sie von „human resources" sprechen.

Die Frage ist, wie lenke ich die Energie dieser Motive auf die Mühlräder des Unternehmens? Das zu bewirken ist das Ziel der indirekten Steuerung. Die Angst spielt dabei eine ganz, ganz große Rolle, eine Schlüsselrolle. Es spielt aber genauso die Lust an der Arbeit eine ganz große Rolle, und politisch ist das sogar das größere Problem. Es gibt große Konzerne, gerade Konzerne, denen es sehr gut geht – zurzeit besonders in der Telekommunikationsbranche –, wo Goldgräberstimmung herrscht und Geld verdient wird wie Heu. Da werden freiwillig unzählige Überstunden gemacht. Ich will gar keine Zahlen nennen, sie wären wahrscheinlich immer noch zu niedrig. Und die Mitarbeiter, die Belegschaften sind zufrieden damit. Wenn die Betriebsräte anfangen, das Problem anzusprechen, werden sie hinausgeworfen. Die Kolleginnen und Kollegen wollen von den Problemen nichts wissen. Die arbeiten ohne Ende unbezahlt, sie schenken dem Arbeitgeber Überstunden und sind mit ihrer Situation zufrieden. Hier gelingt es, die Lust an der Arbeit, die Freude an der Arbeit für die Steigerung der Leistung restlos auszunutzen. Und die Frage ist natürlich: Wie geht man damit um? Das ist ein noch viel komplizierteres Problem, als wir es dann haben, wenn die Mitarbeiter leiden, krank werden und psychische Krisen bekommen, weil sie den Arbeitsdruck nicht mehr aushalten. Wie kommt der Betriebsrat in den Situationen an die Belegschaft heran, in denen die indirekte Steuerung – ich will es einmal so ausdrücken – das Interesse an der Bestimmung des eigenen Interesses verschwinden lässt? Da, denke ich, ist es wichtig, die Komplexität hineinzubekommen und zu sehen, dass der Unternehmer noch nicht am Ende seiner Weisheit ist, wenn er mit der Angst nichts mehr anfangen kann. Er kann auch die Lust an der Arbeit ausnützen, und das ist für ihn ebenso profitabel wie die Ausnützung der Angst. Beide Seiten sind gleichermaßen wesentlich.

Ich hätte noch eine ganze Menge zum Thema „Zuckerbrot und Peitsche“ zu sagen, das lasse ich weg, weil ich Wesentliches zum prinzipiellen Unterschied schon gesagt habe. Noch ein unterstreichender Nachsatz: Erfolgsabhängige Bezahlung spielt natürlich eine ganz große Rolle; erstens im Hinblick auf das Prinzip der indirekten Steuerung als solches: Es soll ein Zustand hergestellt werden, in dem das einzelne Individuum sieht, dass das, was hinterher auf seinem Konto landet, in einem möglichst direkten Verhältnis zu dem steht, was man für das Unternehmen erwirtschaftet hat; dass also die zusätzliche Bezahlung nicht so etwas wie eine Belohnung ist wie im Kommandosystem – Stichwort „Zuckerbrot“ –, sondern dass das als der eigene Erfolg wahrgenommen wird. Wie umgekehrt ein Weniger an Bezahlung nicht mehr als Strafe dastehen soll, sondern als eigener Misserfolg. Das soll alles so aussehen, als hätte ich es selber gemacht. In diese Richtung geht z. B. die Technik des „personal business commitment“ (PBC). Wenn man das ins Deutsche übersetzt, heißt das ungefähr „persönliche geschäftliche Verpflichtung“ – also eine Selbstverpflichtung der Arbeitnehmer. Das ist ein Führungsinstrument bei IBM. Da wird der Mitarbeiter am Anfang des Geschäftsjahres gefragt, wie viel Umsatz er im kommenden Jahr bringen will. Er definiert also die Ziele selbst. Das wird in einigen IBM-Personalabteilungen als die endgültige Befreiung des Individuums gefeiert. Der Einzelne bestimmt selbst, was er machen will. Wenn er am Ende Schwierigkeiten hat, diese Ziele zu erreichen, dann hat er immer das Gefühl: Ich habe es mir selbst eingebrockt. Der Unternehmer verschwindet aus der Optik.

Diese Entlohnungssysteme werden dazu benutzt, die Hitze im Reagenzglas hochzutreiben. Die Entlohnungssysteme werden gezielt so definiert, dass sie die Kollegen und Kolleginnen gegeneinander in Stellung bringen. Es werden zum Beispiel Bonussysteme entwickelt, bei dem der Bonusanteil, den man für die gemeinsame Leistung bekommt, höher ist als der Bonusanteil, den man für die eigene Leistung bekommt, so dass jeder in der Gruppe oder im Team ein Interesse daran hat, dass auch die anderen Höchstleistungen bringen. Wenn irgendjemand schwach ist, zu lange krank ist oder nicht so viel arbeitet, wie er meiner Meinung nach eigentlich arbeiten müsste, dann sinkt mein Lohn. Also geht auf die Gruppe etwas über, und das ist eine typische Reagenzglasgeschichte, was sich früher zwischen Gruppe und Vorgesetzten abgespielt hat, die Ausübung des Leistungsdrucks. Die Kolleginnen und Kollegen werden füreinander gefährlich, zunächst einmal bedrohlich, dann auch gefährlich, bis zu dem Punkt, dass eine Kündigungsempfehlung von den eigenen Kollegen kommt. „Hau ab, damit wir unsere Zahlen hier erreichen."

Solchen „biochemischen" Reaktionen unter den Mitarbeitern muss man, wenn man unter diesen neuen Bedingungen überhaupt noch politisch einen Stich machen will, die Selbstverständigung unter den Kolleginnen und Kollegen entgegensetzen – und zwar von Mensch zu Mensch, nicht von Funktion zu Funktion. Das ist dann übrigens selbst ein politischer, ein machtpolitischer Eingriff in den Mechanismus der indirekten Steuerung und nicht so etwas wie ein vorläufiger Rückzug aus der Politik!

Es geht nicht darum zu sagen: „Lasst uns erst einmal miteinander reden und ganz lange nachdenken – die Praxis folgt später." Nein! Das Unterbrechen der beschriebenen Mechanismen, das Unterbrechen der Eigendynamik der durch die indirekte Steuerung ausgelösten Prozesse ist selbst ein machtpolitischer Eingriff in den Mechanismus der indirekten Steuerung. Wer anfängt, an der betrieblichen Basis Selbstverständigungsprozesse zu organisieren und zu sagen: „Lasst uns doch miteinander reden über das, was hier mit uns als Menschen geschieht!", der erinnert indirekt gesteuerte Menschen daran, dass sie Menschen sind und keine Moleküle. Das kann sicherlich nicht alles sein, aber es ist meiner Meinung nach der notwendige erste Schritt und praktisch-politisch das Brisanteste, was man unter den Bedingungen der indirekten Steuerung tun kann.

Podiumsgespräch

Über die Zukunft der Mitbestimmung in Europa

Johanna Bögner, Vorsitzende des Europäischen Betriebsrates bei Böhringer Ingelheim
Ferdinand Karlhofer, Politikwissenschafter, Universität Innsbruck
Gustav Zöhrer, EBR-Verantwortlicher der Gewerkschaft MBE
Wilhelm Haberzettl, Vorsitzender der Gewerkschaft der Eisenbahner

Moderation: **Wolfgang Greif**

Wolfgang Greif: Wir kommen nun am Schluss des Symposiums wieder zur Anfangsdiskussion zurück: zu den Eingangsstatements von Präsident Herbert Tumpel und von Adolf Brock, in denen die europäische Ebene bereits mehrmals angesprochen wurde. „Die Antwort ist Europa", das wäre sicherlich eine zu einfache Antwort. Man könnte aber sagen: „Die Antwort liegt *auch* in Europa." Wie die Gewerkschaften in Europa auf dem europäischen Parkett verstärkt mitbestimmen sollen, das wollen wir nun diskutieren.

Ich begrüße zu diesem Podiumsgespräch *Johanna Bögner.* Sie ist Betriebsratsvorsitzende bei der Boehringer Ingelheim Austria GmbH und seit 1998 Vorsitzende des Europäischen Betriebsrates bei Böhringer Ingelheim GmbH. Ebenso begrüße ich *Gustav Zöhrer* von der Gewerkschaft Metall-Bergbau-Energie. Er koordiniert und betreut die Europäischen Betriebsräte in dieser Branche. Kollege Zöhrer ist zugleich Mitglied des Wirtschafts- und Sozialausschusses der EU. *Wilhelm Haberzettl* ist Vorsitzender der Gewerkschaft der Eisenbahner. Er wurde von uns auch in seiner Funktion als Vorsitzender der Europäischen Transportarbeiterföderation eingeladen.

Schließlich darf ich aus Innsbruck *Ferdinand Karlhofer* begrüßen. Er ist Politikwissenschafter am Institut für Politikwissenschaft der Universität Innsbruck. Karlhofer ist einer der profundesten Kenner des Verbändewesens und des Gewerkschaftswesens in Österreich und Europa. Wir haben ihn auch deshalb eingeladen, weil uns als

Gewerkschafter auch die Sicht der Wissenschaft und ihre Einschätzung interessiert.

Zuerst soll nun Johanna Bögner zu Wort kommen, eine Euro-Betriebsrätin in Österreich, die einem Europäischen Betriebsrat in einem deutschen Konzern vorsitzt. Nach ihrem Statement wollen wir das Gespräch und die Diskussion auf eine politische Ebene führen und auch politische Forderungen und politische Optionen der Gewerkschaften diskutieren. Was ist die Bilanz der bisherigen Euro-Betriebsratstätigkeit, was ist heute die Bilanz nach den ersten Experimentierphasen?

Johanna Bögner: Ich möchte damit anfangen, von wem die Initiative zu Gesprächen über ein Europäisches Forum in unserer Firma ausgegangen ist, wie wir uns zusammensetzen und wie wir uns gegründet haben. Ich beginne mit unserer Arbeitsweise und damit, was mir nach den Erfahrungen der letzten Jahre aufgefallen ist.

Unser Unternehmen ist im Pharma-Bereich weltweit tätig. Wir haben weltweit 24.500 Mitarbeiter, die Anzahl ist steigend. Etwa die Hälfte aller Mitarbeiter ist in Europa beschäftigt. Für unser Unternehmen war das Inkrafttreten der Richtlinie 9445 Anlass, von sich aus vor Inkrafttreten der Richtlinie im Jahr 1995 im September an die Betriebsräte in den Einheiten heranzutreten und dort mit Personalabteilungen und Arbeitnehmervertretern – wie immer sie sich in Europa nennen – Kontakt aufzunehmen, um ein europäisches Forum zu gründen. Wir führten im März 1996 mit den Arbeitnehmer- und Arbeitgebervertretern der fünf größten Standorten Europas Vorbesprechungen, wie so ein europäisches Forum aussehen könnte. Dabei ist mir zum ersten Mal aufgefallen, dass unser Unternehmen alle möglichen Namen, aber nicht den Begriff „Europäischer Betriebsrat" in die Vereinbarung aufnehmen wollte. Im Juni 1996 haben wir unsere Vereinbarung zum Europäischen Forum für Böhringer Ingelheim abgeschlossen.

Wir haben alle Standorte miteinbezogen, die in Europa produzieren oder Büros haben, nicht nur jene, die der Europäischen Union angehören. Das Forum setzt sich aus 23 Arbeitnehmervertretern, die in den Ländern nach den nationalen Gegebenheiten und Gepflogenheiten gewählt worden sind, sowie acht Arbeitgebervertretern, die von der Personalleitung, aus den Ländern delegiert werden, zusammen. Unsere Tagung dauert drei Tage, wobei die Arbeitnehmer getrennte Beratungen eineinhalb Tage führen, die Arbeitgeber und Arbeitnehmer einen halben Tag gemeinsam anstehende Probleme und Fragen diskutieren. Am dritten Tag informieren Vertreter der Unternehmensleitung über die Beschäftigungspolitik und die Ergebnisse aus dem vergangenen und die geplanten Ziele im kommenden Jahr. Vom Europäischen Forum eingeladene Gäste berichten über Sachthemen – um nur einige Punkte unsere Besprechungen anzuführen.

Sollte es strukturell oder auch personell Probleme geben, die zwei oder mehr Länder betreffen, gibt es die Möglichkeit zwischen dem Vorsitzenden und dem stellvertretenden Vorsitzenden des Europäischen Forums das „Europäische Komitee" einzuberufen, das dann tagt, wenn es notwendig ist. Diesem Forum gehören der Vorsitzende, der stellvertretende Vorsitzende des Forums, drei gewählte Arbeitnehmer und ein von der Unternehmenszentrale bestimmter Personalverantwortlicher permanent an, und wenn es Fragen oder Probleme zu diskutieren gibt, dann auch die Arbeitnehmer- und Arbeitgebervertreter aus den betroffenen Ländern.

Ich habe bei der Erarbeitung der Vereinbarung feststellen müssen, dass die Arbeit der Gewerkschaften auf europäischer Ebene für mich als Einzelperson nur sehr schwer erkennbar und daher bei der Erstellung der Richtlinie auch nicht sehr hilfreich war. Der Zeitpunkt damals, im Jahr 1995, war noch zu früh. Es hat damals noch sehr unterschiedliches und sehr weit gestreutes Wissen und Erfahrungen gegeben, welche sehr mühsam zusammenzufassen waren.

Für mich ist auch heute die Beteiligung von Gewerkschaften in einem europäischen Betriebsrat oder europäischen Forum noch immer ein Problem. Das klingt jetzt vielleicht ein wenig eigenwillig, aber ich sage auch warum: Ich habe aus den Ländern, in denen ich bei den Kollegen der Betriebsratskörperschaften oder Arbeitnehmerkörperschaften zu Besuch bin, den Eindruck, dass es dort zu unterschiedlichen Machtspielen der Gewerkschaften kommt und diese in die Foren hineingetragen werden. Und das ist bei den derzeit noch nicht sehr kräftigen Mitbestimmungsrechten ein sehr großes Risiko. Ich würde mir wünschen, dass die Gewerkschaften mehr eine begleitende Funktion ausüben und nicht permanent Mitglieder sind.

Ein Wunsch an die Gewerkschaften aus meinem Katalog wäre, dass Gewerkschaften überlegen, wie die strukturellen politischen und strategischen Ausrichtungen der europäischen und der nationalen Gewerkschaften koordiniert werden können. Da fehlt mir manches Mal ein bisschen die Positionierung des ÖGB. Ich habe auch erlebt – und erlebe es gerade im Zusammenhang mit der Revision der Richtlinie immer noch –, dass die Ausbildung der Betriebsräte, die in europäischen Foren oder auf europäischer Ebene arbeiten sollen, noch ungenügend ist, ebenso die Ausbildung der betreuenden Gewerkschaftsfunktionäre. Es müssen Vertretern in europäischen Foren die Grundkenntnisse der europäischen Zusammenarbeit und die Unterschiede im Zusammenarbeiten beigebracht werden.

Für mich sind die Wirtschafts- und Arbeitsbeziehungen wichtig, die es in Europa gibt. Sie sind ganz unterschiedlich, sind aber in der Arbeit eines Europäischen Betriebsrates von immenser Wichtigkeit, um die Anliegen, Vetos oder Probleme der Kollegen, mit denen man in den Foren arbeitet, auch zu verstehen. Meine Erfahrung ist, dass wir immer noch zuerst national und dann erst europäisch sind. Da hilft es sehr, wenn man weiß, warum eine Gruppe auf ein bestimmtes Thema so oder anders reagiert. Als Beispiel nenne ich hier das Thema „Arbeitszeit" oder „Stress". Letzteren Begriff definieren die Kollegen aus dem Norden Europas völlig anders als die Kollegen im Süden. Und da wäre es wichtig, einfach zu verstehen, woher das kommt, nicht nur aus den kulturellen Unterschieden heraus, sondern auch aus strukturellen Verschiedenheiten von Systemen. Ich habe zwar das Gefühl, dass die Gewerkschaften und die Mitarbeiter in den Gewerkschaften sehr bemüht sind, hier Hilfestellung zu geben. Aber so wie ich es erlebt habe, haben die Gewerkschaftsmitarbeiter gar nicht die Möglichkeit, dieses Wissen weiterzugeben, weil sie es selbst nicht gelernt haben.

Für mich ist auch ganz klar, dass dieses Erarbeiten und diese Gemeinsamkeit nicht nur von einer Seite eingefordert werden kann. Es muss selbstverständlich sein, dass die Erfahrungen, die man in der Arbeit in europäischen Gremien macht, im Austausch an die Gewerkschaften und zurück gegeben werden. Ich denke, nur so werden wir möglichst rasch erfolgreich sein können. Die Erstellung von Netzwerken in Europa hat bereits begonnen, aber leider nur sehr langsam.

Ich habe mir überlegt, was für mich Kriterien der Mitbestimmung sein könnten. Zuerst müssen arbeitnehmerseitige Kontaktstrukturen aufgebaut werden, was eine sehr schwierige Angelegenheit darstellt. Hier braucht es Vereinbarungen mit einheitlichen Kommunikationsstandards zwischen den europäischen Foren oder Betriebsräten. Das Einbringen der nationalen Erfahrungen, die rechtzeitige Information und dadurch die Chance für aktive Mitarbeit in den lokalen Einheiten ist äußerst wichtig. Über diese Ebene würde Mitbestimmung plötzlich nach Europa kommen, wenn wir es schaffen, als „Netzwerk Arbeitnehmer“ einfach Informationen auszutauschen. So können wir in lokalen Einheiten agieren oder reagieren. Mir ist aber das Agieren lieber.

Ein wesentliches Kriterium wird auch sein, dass wir europäische Kompetenz entwickeln, und das werden wir durch geeignete Qualifizierungsmaßnahmen machen müssen. Daher wird es auch notwendig sein, dass wir die Bildungszeiten auf europäischer Ebene einfordern. Es ist in Europa ganz unterschiedlich geregelt, wie die Zugänge sind, damit wir Arbeitnehmer diese Kompetenz überhaupt erreichen können.

Als eines der wesentlichsten Dinge in Bezug auf die Europakompetenz fällt mir eine gute Sprachausbildung ein. Die unterschiedliche Sprache ist schon eine erste Barriere im gegenseitigen Verständnis. Weiters wird helfen, wenn wir lernen, gemeinsame Vorgehensweisen bei der Bewältigung von Konflikten zu trainieren. So kann das Verständnis für das Zusammenrücken Europas leichter entwickelt werden. Die europäischen Gewerkschaften müssten gemeinsame Richtlinien erarbeiten, die auf die vielfältigen nationalen Bedürfnisse, Traditionen und Kulturen der in Europa vertretenen Arbeitnehmer abgestimmt sind. Es entsteht für mich immer noch der Eindruck, dass die Arbeit auf der europäischen Ebene für die österreichischen – aber auch für andere europäische Gewerkschaften – so ein kleiner zusätzlicher Teil ihrer Arbeit ist und dementsprechend personell unterbesetzt wird. Ich glaube aber, wenn wir von Mitbestimmung im 21. Jahrhundert sprechen, muss die europäische und internationale Arbeit ein zentrales Arbeitsfeld jeder Gewerkschaft sein. Denn wenn das nicht passiert – und das haben wir heute sehr anschaulich demonstriert bekommen –, werden die Unternehmer Mitbestimmung nur nach ihren Vorstellungen gewähren lassen.

In diesem Zusammenhang bin ich jedoch sehr zuversichtlich. Wir befinden uns zwar im Moment als Arbeitnehmervertreter auf europäischem Parkett noch in den Kinderschuhen. Aber mein Eindruck aus meiner persönlichen Arbeit ist, dass wir viele Möglichkeiten der Mitbestimmung haben, nicht nur der Anhörung in unserem Gremium, denn wir lernen mit jedem Jahr besser laufen.

Greif: Ich glaube, es passt ganz gut, wenn nun vielleicht Gustav Zöhrer auf zwei Dinge eingeht: Zum einen wurde hier ja ein ganzes Paket an Forderungen und Ideen an die Gewerkschaften herangetragen. Vielleicht kann man darauf gleich eingehen. Und zum anderen die folgende Frage beantworten: Was kann Mitbestimmung und Mitwirkung der Arbeitnehmer auf europäischer Ebene heißen? Was stellt man sich da innerhalb der Gewerkschaftsbewegung darunter vor?

Gustav Zöhrer: Gleich einleitend ein paar Bemerkungen zu meiner Vorrednerin: Im Wesentlichen sind das Erfahrungen, die wir aus vielen Europäischen Betriebsräten kennen. Wir müssen uns fragen, wie wir als Gewerkschaften diese Probleme aufarbeiten können? Das wird die Aufgabe sein, die wir in den nächsten Monaten vor allem auch mit der Europäischen Kommission zu diskutieren haben. Das Instrument des Europäischen Betriebsrates greift einfach zu kurz. Wir dürfen nicht nur sagen, dass wir im Europäischen Betriebsrat zwar die länderspezifischen Unterschiede sehen, wir hätten aber kein Instrument, diese Gemeinsamkeiten dafür zu verwenden, als Gewerkschaften gegenüber den Unternehmern Aktivitäten zu ergreifen und eine gemeinsame Strategie aufzubauen.

Das Erste, was auffällt, wenn wir über Mitbestimmung in Europa reden, sind die strukturellen Unterschiede zwischen den nationalen Arbeitnehmervertretungsmodellen. Die Unterschiede in den historisch gewachsenen Gewerkschaftsstrukturen, in den Arbeitgeber- bzw. Arbeitnehmerbeziehungen, gehen so weit, dass natürlich ein ganz unterschiedliches Verständnis von bestimmten Abläufen bei den Kolleginnen und Kollegen entsteht. Wenn wir bei der klassischen Frage der Mitbestimmung sind, dann gibt es heute nach wie vor Gewerkschaften, für die es unverständlich ist, dass es ein Ziel von Gewerkschaften und Betriebsräten sein kann, in einem Aufsichtsrat zu sitzen oder ein Mitglied des Vorstandes zu bestellen, wie das die deutsche Mitbestimmung vorsieht. Das ist für manche Gewerkschaften in Europa nicht nachzuvollziehen. Umgekehrt ist es für viele schon gar nicht nachzuvollziehen, das Instrument des Betriebsrates an sich zu haben. Britische Gewerkschafter etwa könnten sagen: „Wir verhandeln das als Gewerkschaft im Betrieb, wir brauchen keinen Betriebsrat." Trotzdem sind alle Gewerkschafter.

Die Träger dieser Unterschiede sind zwei wesentliche Akteure: Betriebsräte und Gewerkschaften, die auf den unterschiedlichen Ebenen im Betrieb, im Unternehmen, überbetrieblich in den Sektoren oder Branchen oder im allgemeinen interprofessionellen Rahmen aktiv tätig werden. Alle diese Strukturen, Systeme, Kulturen, oder wie immer man das nennen mag, sind auf nationaler Ebene entstanden. Das ist deshalb so, weil es bisher nur auf nationaler Ebene möglich war, einen gesetzlichen oder kollektivvertraglichen Rahmen für Arbeitsbeziehungen zu schaffen. Erst mit der Integration in Europa, mit dem Entstehen der Gesetzgebungsstrukturen auf europäischer Ebene im Rahmen der heutigen Europäischen Union wurde es möglich, über einen gesetzlichen Rahmen in ganz Europa nachzudenken.

Und nun müssen wir uns erstmals der Herausforderung stellen, aus der Verschiedenheit der Gewerkschaften eine Einheit zu machen. Und es ist richtig, dass in vielen nationalen Gewerkschaften die europäische Ebene nicht mit der notwendigen Wichtigkeit betrachtet wird und vielfach die personellen, materiellen und finanziellen Ressourcen, die dafür zur Verfügung gestellt werden, nicht ausreichen. Es ist nicht immer möglich, im Europäischen Gewerkschaftsbund die Strategie für alle und jede Frage auszuarbeiten und lange Studien zu machen, weil der Europäische Gewerkschaftsbund sowie alle europäischen Industrieverbände oder Gewerkschaftsverbände auf Branchenebene einfach limitierte personelle und finanzielle Ressourcen haben. Die Situation wird aber von Jahr zu Jahr besser.

Meine Geschichte, warum ich hauptamtlicher Gewerkschaftssekretär geworden bin, betrifft genau diesen Punkt. Unsere Gewerkschaft hat 1989 gesagt, wir brauchen jemanden, der sich der Diskussion zur europäischen Integration und zum EU-Beitritt Österreichs annimmt und sich wirklich intensiv damit beschäftigt. Und so ist also in unserer Gewerkschaft 1989 ein Sekretärsposten dafür geschaffen worden, um sich eigens mit dem Thema „Europäische Union“ zu beschäftigen. Ich denke, dass das eine Entwicklung ist, die weitergehen muss, und wir müssen begreifen lernen, dass wir das Thema „Europa“ nicht nur auf dafür eigens zuständige Instanzen abschieben, sondern unsere tagtägliche Arbeit sollte sich mit diesen Fragen beschäftigen.

So wird zur normalen Betriebsbetreuung auch künftighin die Betreuung des Europäischen Betriebsrates gehören. Es gibt zwar bei uns in der Gewerkschaft durch meine Person jemanden, der diese Aktivitäten der europäischen Betriebsräte koordiniert, aber es ist Aufgabe jedes einzelnen Gewerkschaftssekretärs, sich auch mit dieser Frage zu beschäftigen, weil das in die tagtägliche Betreuung hineinfällt. Es gibt größere Gewerkschaften in Europa, ich denke da zum Beispiel an die IG-Metall in Deutschland, die ganz bewusst die Betreuung der Europäischen Betriebsräte aus der internationalen Abteilung herausgenommen hat, um sie in die Abteilung „Betriebsräte“, die für die ganze Betriebsräteausbildung, Betreuung usw. zuständig ist, einzugliedern. Ich denke, dass das ein ganz wesentlicher Schritt ist. Mit dem Zusammenwachsen erst des europäischen Binnenmarktes, dann mit dem Entstehen der europäischen Union, stellt sich auch zunehmend die Frage nach einem europäischen Mitbestimmungsmodell. Hier erhebt sich auch die Frage nach einem weltweiten Mitbestimmungsmodell? Leider haben wir hierfür keinen Rahmen. Der Rahmen kann nur innerhalb von gesetzgebenden Körperschaften oder von Kollektivverträgen liegen. Diese Möglichkeit haben wir innerhalb der EU, innerhalb Europas. Und das kann zukünftig beispielgebend für die ganze Welt sein.

Ich habe versucht, fünf wesentliche Elemente für die Arbeitnehmerinteressenvertretung darzustellen. Im Wesentlichen brauchen wir also erstens Information oder Unterrichtung. Das zweite Element ist die Konsultation und Anhörung. Damit meine ich, dass zumindest die Meinung der Arbeitnehmer nach außen dringen kann. Der dritte Punkt ist die Beteiligung oder Mitwirkung, d. h. Beteiligung am Entscheidungsprozess und die Mitwirkung an Entscheidungen des Unternehmens. Der vierte Punkt ist die Mitbestimmung in den Unternehmensorganen – sei es Aufsichtsrat, Vorstand oder Verwaltungsrat, in denen Sitz und Stimme möglich sein müssen, um wirklich mitbestimmen zu können. Und der letzte Punkt sind kollektive Verhandlungen auf allen Ebenen – im Betrieb, überbetrieblich, im Sektor, im interprofessionellen Rahmen.

Vorsicht ist dabei geboten, dass alle diese Begriffe, wie immer man sie verwendet, in verschiedenen Sprachen, in verschiedenen Kulturen und in verschiedenen Systemen auch unterschiedliche Bedeutungen haben. Das ist oft einer der wesentlichen Faktoren, dass die Diskussionen innerhalb europäischer Betriebsräte, innerhalb der Gewerkschaftsgremien auf europäischer Ebene durcheinander gehen, weil etwa unter „Konsultation“ oder „Anhörung“ bei uns etwas anderes verstanden wird als zum Beispiel in Frankreich oder in Großbritannien. Vielfach gehen diese Begriffe auch ineinander über. Wo genau ist die Grenze zwischen einem Anhörungsverfahren und der Mitwirkung? Wo ist die Grenze zwischen Mitwirkung und Mitbestimmung? Oder ist Mitbestimmung ein Teil der Mitwirkung oder Mitwirkung ein Teil der Mitbestimmung? Da gibt es zweifellos fließende Grenzen.

Es gab einen Versuch einer Expertengruppe, die sich mit der Mitbestimmungsfrage im Zusammenhang der Europäischen Aktiengesellschaft beschäftigt hat, diese Begriffe genau zu definieren. Vielleicht sollte man sich auf Begrifflichkeiten einigen, die genau definiert sind, um das Problem der unterschiedlichen Bedeutungen in den verschiedenen Sprachen zu lösen. Damit wird es dann auch unerheblich, was die Begriffe in den nationalen Kulturen an Hintergrund haben. Das typische Beispiel ist der Europäische Betriebsrat. Jeder österreichische Betriebsrat wird, wenn er „Europäischer Betriebsrat" hört, bestimmte Paragraphen des Arbeitsverfassungsgesetzes im Hinterkopf haben. Hier müsste man ihm klar machen, dass der Europäische Betriebsrat nur ein kleiner Teil des Arbeitsverfassungsgesetzes ist und mit dem, was dort als „Betriebsrat" definiert ist, relativ wenig zu tun hat. Das ist eine wichtige Erfahrung, die wir in der Diskussion gemacht haben, und erst wenn wir das überwinden, können wir die Diskussion wirklich vorantreiben.

Daher sollte Mitbestimmung in dem engen Sinne des Wortes, dass man in Unternehmensorganen mitentscheiden oder mitbestimmen kann, niemals alleine betrachtet werden, sondern genau diese verschiedenen Elemente – Information, Konsultation, Beteiligung, Mitbestimmung – und auch die kollektiven Verhandlungen wirken letzten Endes zusammen und machen in Summe die Möglichkeiten aus, die wir als Betriebsräte oder Gewerkschaften haben.

Die allgemeine Meinung ist: „Was nützt uns der Europäische Betriebsrat, wenn er tatsächlich nur informiert wird, seine Meinung dazu sagen kann, aber im Endeffekt Unternehmensentscheidungen nicht beeinflussen kann?" Dazu muss man zwei Dinge sagen: Erstens einmal, die Möglichkeiten des Europäischen Betriebsrates sind limitiert, und zweitens gilt gerade für den Europäischen Betriebsrat auch die Erkenntnis, dass Europa nicht die Antwort auf alle Fragen ist. Der Europäische Betriebsrat kann nicht alle Probleme im Unternehmen lösen. Wir werden zunehmend auch darüber diskutieren müssen, wie die Aufgaben verteilt sind, welche Akteure auf welcher Ebene tätig werden müssen, also was bleibt im nationalen Rahmen, was macht da der Betriebsrat, die Gewerkschaft, was macht der Europäische Betriebsrat und was die europäischen Gewerkschaften. Also auch diese Aufgabenverteilung muss hier mitzudiskutiert werden.

Erste Ansätze dafür gibt es innerhalb der EU bereits. Das beginnt auf der höchsten Ebene des sozialen Dialogs, wo es also mehr oder weniger um die Gestaltung der Sozialpolitik, aber letzten Endes der europäischen Rahmenbedingungen überhaupt geht. Die Richtlinie zum Europäischen Betriebsrat ist ein erster Schritt, der jedoch auf

Unterrichtung und Anhörung beschränkt ist. Dabei kommt es darauf an, was wir daraus machen, weil ja für den Europäischen Betriebsrat wesentlich ist, dass es eine Verhandlung gibt und eine Vereinbarung abgeschlossen werden muss. Die Qualität ist dann das Ergebnis dieser Vereinbarung. Zurzeit gibt es zwar eine Diskussion über Mitbestimmung, aber nur im Zusammenhang mit der Schaffung einer europäischen Aktiengesellschaft.

Hier möchte ich einige Anmerkungen zu dieser Mitbestimmungsdiskussion in Europa machen. Zum einen glaube ich, dass es notwendig ist, diese Diskussion als Gewerkschaften offensiver zu führen. Unternehmen agieren zunehmend als europäische Unternehmen oder als weltweite Konzerne, und zunehmend fällt die nationale Bindung weg. Das wird natürlich mit der Europäisierung der Gesellschaftsformen wie der Europäischen Aktiengesellschaft erst so richtig deutlich. Erst dann ist die Problemlage wirklich über dem Nationalstaat angesiedelt. Ich denke aber, das gilt nicht nur für die Europäische Aktiengesellschaft. Es gilt praktisch für alle Unternehmen. Und auch die Unternehmensstrategien sind zunehmend auf ein supra- oder internationales Umfeld abgestellt.

Der zweite Punkt ist, dass gerade aus diesem Grund die Mitbestimmung auf nationaler Ebene sehr oft ins Leere geht. Die Frage wird sein, wo die wichtigen Entscheidungen getroffen werden. Die Frage ist auch: Was sind die wichtigen Entscheidungen, die über Betriebsrat und Gewerkschafter einer Mitbestimmung bedürfen, und was sind Entscheidungen oder was sind Punkte, die zunehmend von der kontrollierenden Instanz des Betriebsrates auch durchwegs in die Eigenverantwortlichkeiten der Kolleginnen und Kollegen übertragen werden können? Es fehlt also überall in diesen Mitbestimmungsdiskussionen ein wichtiger Akteur, das ist der einzelne Kollege oder die einzelne Kollegin am Arbeitsplatz selbst. Wir müssen uns auch darüber klar werden, was wir unseren Kolleginnen und Kollegen zutrauen, selbst zu entscheiden.

Ein weiteres Problem ist, dass Mitbestimmung, die auf nationaler Ebene geregelt ist, immer wieder einen Teil der Arbeitnehmer ausschließt. Dort, wo die Konzernmutter ihren Sitz hat, können die nationalen Gewerkschaften oder Betriebsräte mitbestimmen, alle anderen sind zurzeit ausgeschlossen. Daher sollte die Mitbestimmungsdiskussion nicht beschränkt werden. Wie ich bereits gesagt habe, ist sie zurzeit in zwei Richtungen beschränkt, erstens nur auf die Institution der europäischen Aktiengesellschaft oder die europäischen Gesellschaftsformen in Zusammenhang mit dem Gesellschaftsrecht. Wir müssen Mitbestimmungsoptionen auch in anderen Unternehmen diskutieren, also überall dort, wo wir jetzt zum Beispiel einen Europäischen Betriebsrat haben, um ihm auch Instrumente der Mitwirkung, der Mitgestaltung und der Mitbestimmung an die Hand zu geben?

Der zweite Punkt ist, dass die Mitbestimmung innerhalb der europäischen Aktiengesellschaft von der Diskussion beherrscht wird, ob die Arbeitnehmer die Hälfte oder nur ein Drittel der Aufsichtsratssitze oder nur zwei Sitze haben sollen. Wir sollten aber nicht nur die Anzahl der Sitze in den Leitungs- und Aufsichtsorganen zählen, sondern auch die Qualität der Möglichkeiten. Und dazu gehört eben wesentlich mehr, nämlich auch die Fragen der Information, Konsultation, Mitwirkung und Mitbestimmung, die im Unternehmen Hand in Hand gehen sollten.

Zuletzt sollten wir die Debatte über ein europäisches Mitbestimmungsmodell nicht immer nur unter dem Blickpunkt sehen, was wir am nationalen System besser haben oder verlieren könnten, sondern die Diskussion sollte eher in die Richtung geführt werden, dass das nationale System nicht geschwächt wird, sondern eher eine sehr sinnvolle Ergänzung auf einer weiteren Ebene erhält.

Greif: Wir haben in diesem Statement deutlich gesehen, dass der Europäische Betriebsrat in der Frage der europäischen Mitbestimmung zwar von vorrangiger Bedeutung ist, er jedoch bei weitem nicht alles ist. Vielmehr gibt es in Europa bereits eine breite Mitbestimmungsdiskussion. Und das ist schon bemerkenswert, wenn man sich die Entwicklung der europäischen Integration anschaut. Denn vor 15 Jahren hätte wohl kaum jemand über Mitbestimmung auf europäischer Ebene geredet. Als Gewerkschaften müssen wir diese europäische Mitbestimmungsdiskussion am Leben erhalten, vorantreiben und in Zukunft noch viel offensiver führen.

Das ist meine Überleitung zu unserem nächsten Referenten: Willi Haberzettl von der Gewerkschaft der Eisenbahner. Wie geht es dir, wenn du von Europäischen Betriebsräten hörst? In deinem Bereich der Eisenbahn ist das ja noch kein Thema. Wir haben hier einen Bereich, bei dem die Mitwirkung der Gewerkschaften auf nationaler Ebene fast überall in den Ländern Europas einen hohen Grad hat. Aber gerade dieser Bereich ist von massiven wirtschaftlichen Herausforderungen, wie Liberalisierung, Privatisierung und Deregulierung betroffen. Was werden hier in deiner Funktion als Chef der europäischen Transportarbeiter- und Eisenbahngewerkschafter für Konzeptionen entworfen, und wie richtet man sich auf diese nahe Zukunft ein, um die Qualitäten der gewerkschaftlichen Mitbestimmung zu erhalten?

Wilhelm Haberzettl: Ich bin der Überzeugung, dass nur wir selbst unsere Probleme lösen können, es wird sie uns niemand anderer lösen. Die Lösung liegt in Europa, und ich darf hier an die österreichische Kampagne erinnern, wo das Motto lautete: „Wir sind Europa“. Wenn dieses Bewusstsein grundsätzlich in allen Arbeitnehmervertretungen einmal verwurzelt ist, dann werden wir gemeinsam entscheiden können und letztendlich auch siegen.

Ich bin sehr stolz – und alle Österreicher können sehr stolz sein –, dass uns mit der Gründung der Europäischen Transportarbeiterföderation (ETF) gelungen ist, ein Fundament zu bauen. Diese Föderation besteht aus rund 130 Gewerkschaften aus 34 Ländern, die im Augenblick rund 3 Millionen Transportarbeiter in Europa vertritt. Und das nicht nur innerhalb der EU, sondern es handelt sich um eine paneuropäische Organisation. Aus eigener Erfahrung lege ich selbst sehr viel Wert darauf. Ich möchte appellieren, bereits jetzt paneuropäisch zu denken und Europa nicht nur mit der EU gleichzusetzen. Das Problem wäre nämlich bereits vorprogrammiert, wenn sich die Union erweitert. Noch dazu haben im Transportsektor die ehemaligen Oststaaten bereits die gleichen Probleme wie die Staaten innerhalb der Union. Der einzige Unterschied ist, dass innerhalb der Union politische Entscheidungen die Strukturänderungen, Deregulierung und Liberalisierung bestimmen, während außerhalb der Union diese Prozesse in Wirklichkeit vom Kapital bestimmt werden, und zwar über die Europäische Zentralbank oder über die Weltbankfinanzierung, indem die gleichen Maßnahmen den Förderungsempfängern oktroyiert werden.

Mit diesem Wissen sind wir in die Gespräche gegangen. Es ist uns innerhalb eines Dreivierteljahres gelungen, hier wirklich Einigkeiten trotz all der Probleme mit den Mentalitätsunterschieden herzustellen. Wir haben am Ende eine äußerst schlanke Führungsstruktur dieser Organisation zustande gebracht. Die ETF wird in Wirklichkeit von einem Exekutivausschuss geleitet, der ausschließlich 45 Mitglieder umfasst sowie einem Präsidium mit sechs Mitgliedern. Das ist ein wesentlicher Schritt, um Effizienz zu erzielen. Naturgemäß und traditionell ist es natürlich leichter, als Eisenbahner auf europäischer Ebene zu verhandeln, weil die internationale Zusammenarbeit gerade auf dem Schienensektor immer äußerst intensiv und erfolgreich war. Und ich weiß aus der österreichischen Geschichte, dass die deutschsprachigen Länder in Europa immer außerordentlich guten Kontakt gehabt und auch viele Aktionen gemeinsam verhandelt haben.

Im Straßenverkehr wird es bereits schwieriger, weil dort nicht nur nationale Interessen, sondern auch die verschiedenen Mentalitäten viel stärker spürbar sind. Noch schwieriger wird es im Flugverkehr, und hier ist es beinahe müßig, nur auf europäischer Ebene zu verhandeln. Hier wird es nicht genügen, eine europäische Lösung zu finden. Der Flugverkehr ist grundsätzlich international zu betrachten, und man muss weltumspannende globale Lösungen finden.

Für Österreich relativ uninteressant ist der maritime Sektor, nämlich Seeschifffahrt, Fischerei und ebenso Binnenschifffahrt, welche auch zum Transportsektor gehören. Für den Arbeitnehmermarkt jedoch ist dieser Sektor äußerst wichtig. Hierzu ein Beispiel: Im Augenblick gibt es auf Grund der unterschiedlichen Steuergesetzgebung in Europa eine Reedereibewegung aus den hoch sozialen Ländern in eher niedrige soziale Standards pflegende Länder bzw. zumindest niedrigere Steuersätze pflegende Länder. Luxemburg wird für Binnenschifffahrtsreedereien im Augenblick sehr lukrativ, weil hier die Steuergesetzgebung und die Sozialabgaben sehr gering sind. Hier ist die Politik gefordert und letztendlich auch wir, entsprechenden Druck auf die Politik zu machen.

Die Arbeit aus der Sicht der Transportarbeiter stellt sich natürlich anders dar, weil es diese klassischen Konzernstrukturen noch nicht gibt. Es handelt sich eher um kleine „Inselbildungen". Der holländische und der deutsche Schienengüterverkehr haben eine Gesellschaft gegründet; ebenso Italien und die Schweiz, die aber erst zu leben beginnen müssen. Hier ist die Struktur erst im Entstehen. Die Herausforderung im Transportsektor liegt eher auf einer anderen Ebene, und wir sollten uns einfach die Instrumente der Unternehmer zu Eigen machen und uns nicht scheuen, sie auch zu nutzen.

Und hier wird Lobbying sehr wichtig. Jeder kennt zwar den Begriff, aber wir betreiben es nicht. Eines der Ziele der ETF ist es, in den verschiedenen Sektoren früh genug Gespräche aufzunehmen. Wir tun manchmal so überrascht, wenn eine neue Richtlinie erscheint. Aber jede Richtlinie hat eine Vorlaufzeit. Und in dieser Vorlaufzeit argumentieren politische Vertreter, jene der Industrie und der Unternehmer sehr vehement, nur nicht die Arbeitnehmervertreter. Das wäre eine ursächliche Aufforderung an die Kerngewerkschaften; das kann nicht Aufgabe einer Dachorganisation sein.

Hier haben wir sehr viel Arbeit vor uns. Es besteht auch die Gefahr, dass ein englischer Mitarbeiter der Kommission vielleicht andere Perspektiven hat als ein griechischer, ein spanischer oder ein schwedischer. Aber ich denke, der Verkehrssektor hat eine relativ günstige Position, und die unterschiedlichen Interessen können wir auf dem Verhandlungsweg in den Griff bekommen.

Es gibt neun paritätische Kommissionen. Über die Hälfte davon sind allein im Verkehrssektor eingesetzt. Da sieht man auch schon die Gewichtung der Interessenvertretung auf der politischen Ebene im Verkehrsbereich, wobei ich hier kein Geheimnis verrate, wenn ich sage, dass viele Entscheidungen in den paritätischen Kommissionen auf Grund von vernünftigen nationalen, aber auch internationalen Vorverhandlungen mit der Arbeitgeberseite einstimmig beschlossen werden. Das macht das Wesen einer paritätischen Kommission gerade aus. In der letzten Zeit ist mir nur ein Konflikt bekannt, das ist die Arbeitszeitrichtlinie für den Straßenverkehr. Hier konnte auch im paritätischen Ausschuss keine Einigung erzielt werden, und es wird hier wahrscheinlich noch einige Muskelspiele geben. Wir haben aber nun andere Arbeitszeitrichtlinien bei diesem Thema junktimiert, und es wird sich auch in anderen Bereichen nicht sehr viel bewegen, wenn im Straßenverkehr nicht eine vernünftige Regelung eintritt.

Warum wählen die Verkehrsgewerkschaften diesen Weg? Ich glaube der Verkehrsbereich ist ein Bereich, bei dem alle sozialen Auswirkungen letztendlich bei der Gesetzgebung oder Richtlinienformulierung beginnen.

Die Arbeitsplätze im Bahnsektor haben sich im letzten Jahrzehnt in Europa halbiert. Es sind 50 Prozent der Arbeitsplätze abgebaut worden. Es wäre jetzt vermessen, das alleine auf die Liberalisierung zu schieben. Natürlich hat es eine technische Weiterentwicklung gegeben, und es gab auch Rationalisierungsinvestitionen, die es auch gegeben hätte, wenn die Liberalisierung nicht in dieser Form gekommen wäre. Damit muss man aber umgehen lernen. Im Eisenbahnbereich hat die Kommission etwas versucht, was natürlich auch Unternehmen versuchen, nämlich die soziale Verantwortung immer von sich zu schieben und jemand anderem zuzuschieben.

Ich möchte mich an dieser Stelle aber auch ein wenig mit Visionen befassen, weil ich glaube, das ist letztlich unsere Aufgabe, und seit kurzem muss ja ein Visionär nicht mehr zum Arzt gehen. Unser Ziel ist es, hier eindeutig auf der Gegenseite einen vernünftigen und auch mit Stärke ausgestatteten Gesprächspartner zu finden. Es gibt die Institution der Gemeinschaft der Europäischen Bahnen. In dieser Institution sind zwar alle Bahngesellschaften vertreten, ich behaupte aber, dass sich die Arbeitnehmervertretung rascher und effizienter weiterentwickelt hat, weil die Bahnen auf Grund ihrer nationalen Strukturprobleme oder noch laufenden Umstrukturierung momentan einen lähmenden Machtkampf erleben: Es geht um Streitigkeiten, wer der Chef der nationalen Bahn, der Infrastruktur oder des Absatzes wird? Dieser Konflikt hat sich bereits nach Brüssel übertragen, und die Bahnen sind im Augenblick nicht in der Lage, dort auch so effiziente und schlanke Entscheidungsstrukturen zu finden, wie wir sie in der ETF haben.

Und diese Möglichkeit oder diese Chance sollten wir nützen, um uns weiter auszubauen und zu formieren.

Wir arbeiten im Augenblick an der Grundlagenschaffung für einen europäischen Kollektivvertrag im Eisenbahnsektor. Uns ist klar, es wird keinen auf Punkt genau definierten Kollektivvertrag geben, es wird aber mit Sicherheit ein die Arbeitsbedingungen klar regelnder Kollektivvertrag sein. Wir werden natürlich versuchen, hier möglichst hohe Sozialstandards zu definieren. Letztendlich werden aber in dieser Frage Probleme auftauchen, weil wir alle wissen, welche unterschiedlichen Niveaus in diesem Europa noch immer herrschen. Aber es hat sich in dieser Organisation ein Bewusstsein entwickelt: Es kann in Zukunft einem Arbeitnehmer im Verkehrsbereich nicht mehr gleichgültig sein, welche Probleme der Portugiese hat, es kann ihm nicht mehr gleichgültig sein, welche Probleme der Schwede oder der Engländer hat, es kann ihm auch nicht mehr gleichgültig sein, wenn er im Bahnsektor tätig ist, welche Probleme der Transportarbeiter auf der Straße hat bzw. welche Probleme der Arbeitnehmer oder die Arbeitnehmerin im Flugsektor hat. Dieses Bewusstsein hat sich bereits deutlich herausgebildet. Wir haben, je nachdem, wie die Richtliniengestaltung in der nächsten Zeit im Transportbereich verläuft, den 29. März 2000 als Aktionstag definiert. Die Stärke der Aktionen und auch die positive oder negative Wende der Aktion wird sich daran orientieren, in welche Richtung sich die politische Arbeit in Brüssel bewegen wird.

Unser Ziel ist es, ein Gegenüber zu bekommen, welche ein vernünftiges und relativ starkes Verhandlungsmandat hat. Das wird die Gemeinschaft der Europäischen Bahnen sein. Zuletzt möchte ich noch einmal betonen, dass wir eine Organisation haben, aber vor allem, was viel wichtiger ist, dass wir im Transportsektor das Bewusstsein entwickelt haben, in welche Richtung wir uns bewegen müssen.

Greif: Nach dieser optimistischen Aussage kommen wir jetzt zu Ferdinand Karlhofer. Zwei Fragen vielleicht vorweg: Gustav Zöhrer hat gesagt, ein europäisches Mitbestimmungsmodell kann und darf nationale Systeme nicht schwächen, es sollte eine Ergänzung sein. Ist das nur ein Wunschtraum der Gewerkschaften, oder bestehen hier tatsächlich Chancen? Und nun der Abschlusssatz von Willi Haberzettl: „Wir haben eine Organisation und wir haben das Bewusstsein, wo es langgehen muss." Sind die Organisationen und Institutionen der Gewerkschaften national und europäisch „fit genug", um diese Stärkung der nationalen Systeme zu gewährleisten?

Ferdinand Karlhofer: Ich habe mir diese allerletzte These genau betrachtet und ich glaube schon, dass es eine sehr realistische Perspektive gibt, diesen nationalen Besitzstand der Arbeitnehmervertretungen tatsächlich zu wahren. Ich möchte nun im Folgenden kurz ausführen, warum ich hier bis auf weiteres eine optimistische Sichtweise habe.

Bei den Ausführungen des Kollegen Peters habe ich mich gefragt, wann diese Probleme in Österreich begonnen haben. Zuerst ist mir ein Unternehmen eingefallen, bei dem ich sozusagen weit zurückblickend sagen kann, dass hier erste Anzeichen zu beobachten waren. Ich meine die Ansiedlung von General Motors (GM) in Aspern. Bei GM wurde das erste Mal zusätzlich zur betrieblichen Interessenvertretung eine freiwillige Vertretung parallel eingeführt. Es handelte sich um die so genannten Teams, die vom Betriebsrat zunächst einmal sehr argwöhnisch betrachtet wurden. Aber nachdem dieses Modell zum Unternehmen gehörte, blieb das auch ziemlich unter der Kontrolle des Betriebsrats, und zumindest in der ersten Zeit ist diese Parallelität fast friktionslos abgelaufen. Aber diese Teams hatten natürlich im Keim alles das enthalten, was der Kollege Peters ausgeführt hatte. Ich meine hierbei den umfassenden Zugriff auf das Leistungspotenzial des Arbeitnehmers, der sich nicht mehr quasi im Ankauf von Zeit erschöpft, sondern tatsächlich durch Motivation, durch

„unselbstständige Autonomie“ oder unselbstständige Selbstverwaltung zusätzliche Ressourcen erschließen kann.

Das hat natürlich im Laufe der vergangenen 20 Jahre tatsächlich umfassend auch die betrieblichen und überbetrieblichen Arbeitsbeziehungen ganz massiv verändert und die Handlungsbedingungen oder den Spielraum der Interessenvertretungen im Betrieb und auch außerhalb gewaltig verändert. Das ist nicht nur in Aspern, nicht nur in Österreich so, das ist generell in Europa und darüber hinaus festzustellen. Die Forschung interessierte sich dafür, wie sich die Institution tatsächlich verändert hat. Gibt es Länder, bei denen beobachtet werden kann, dass die Belegschaftsvertretung oder die betriebliche Mitbestimmung zurückgedrängt wurde oder dass sozialpartnerschaftliche und andere Verhandlungsmuster hier Schaden erlitten haben? Und ich kann sagen, dass dies erstaunlicherweise nicht der Fall ist.

Wo Institutionen und Organisationen bestehen, haben diese eigentlich den Deregulierungs- und Flexibilisierungssturm erstaunlich gut überstanden, was freilich nicht heißt, dass, wenn sie als Institution weiter bestehen, nicht ihre Funktion Schaden gelitten hat; dass der Betriebsrat heute tatsächlich in einer eher schwächeren Position ist, allein durch diese Überladung mit Aufgaben, die früher sehr viel stärker überbetrieblich durch die Gewerkschaften erledigt werden konnten.

Eine Angleichung und Abschleifung der nationalen Eigenheiten hat es am ehesten bei den Gewerkschaften gegeben.

Gerade mit der Hilfe und Beratung durch das Europäische Gewerkschaftsinstitut oder den EGB konnte diese notwendige Reorganisation, die in allen Ländern sehr wichtig und dringend war, in Angriff genommen werden. Dies zwar sehr zögerlich und langsam, wenn man sich an den letzten und vorletzten Bundeskongress des ÖGB erinnert, aber es ist doch einiges geschehen. Ich denke, es gibt tatsächlich im positiven Sinn eine sanfte oder langsame Angleichung der gewerkschaftlichen Strukturen, die dringend notwendig ist, um gemeinsame Interessenvertretung durchführen zu können – zum Beispiel bei den Eisenbahnern oder auch in anderen Bereichen.

Hieraus erhebt sich die Frage, wie weit wir unter diesen geänderten Vorzeichen zusammenarbeiten können. Welche Schwierigkeiten bestehen heute, dass die überbetriebliche Interessenvertretung und deren Gestaltungselement – nämlich der Kollektivvertrag – sowie die betriebliche Mitbestimmung nahtlos und organisch ineinander greifen? Ich glaube, alle sind sich einig, dass das eine ohne das andere kaum existieren könnte und nicht denkbar ist. Man kann den Betriebsrat nicht ohne Gewerkschaft handeln lassen, und man kann die Gewerkschaft nicht ohne betriebliche Vertretungsorgane agieren lassen. Der Fall Stronach hat uns das sehr gut gezeigt, denn man muss sich anhören, was Stronach genau sagte, wenn er zum ersten Mal gemeint hat: „Meine Arbeiter sollen selber entscheiden, ob sie einen Betriebsrat wollen." Hier handelt es sich um einen sehr patriarchalischen Sprachduktus. Er ließ sie selbst entscheiden, ob sie einen Betriebsrat wollen, natürlich mit dem Sinn, die Gewerkschaft draußen zu halten. Also besser kann man das eigentlich von der attackierenden Seite nicht illustrieren, dass diese beiden Ebenen im österreichischen System sehr eng zusammenhängen.

Der überbetriebliche Kollektivvertrag als umfassendes Gestaltungselement muss vieles an Elementen zurücknehmen, und viele Vertragsinhalte und deren Verhandlungen werden in den Betrieb delegiert. Die extreme Ausdifferenzierung der Beschäftigtenstruktur und der Beschäftigungsprofile zeigt uns, dass die Gewerkschaft Wege suchen muss, wie sie den Betriebsrat von außen unterstützen kann, eben nicht allein durch den lückenlos für alle geltenden Kollektivvertrag, sondern eben auch durch Beratungsleistungen oder Hilfestellung beim Ausverhandeln von maßgeschneiderten Lösungen auf Betriebsebene vor Ort. Und das führt uns zur Frage, wie weit das funktionieren kann. Es ist klar, dass es hier zu Problemen kommt.

Viele Betriebsräte versuchen, sich diesem Druck, der nun auf ihnen lastet, dadurch zu entziehen, dass sie eher auf Distanz zur Gewerkschaft gehen, um sich besonders intensiv um die betrieblichen Problemlagen zu kümmern. Damit riskieren sie aber indirekt, dass sie die für den Betriebsrat notwendige gewerkschaftliche Unterstützung, wie etwa Schulungen und Beratungsleistungen, dadurch schwächen. Wir haben also eine Situation, wo gerade in der Gegenwart dieses organische Ineinandergreifen von Gewerkschaft und Betriebsrat zum einen intensiviert werden muss und zum anderen manche Formen der bisherigen Zusammenarbeit vielleicht neu überdacht werden müssen. Das Unterlaufen von Kollektivverträgen durch betriebliche Absprachen gefährdet eigentlich beides, sowohl den Kollektivvertrag als auch auf lange Sicht den Betriebsrat.

Nun zur europäischen Dimension: Der Euro-Betriebsrat ist ein Gremium, das zwei Rechte hat. Das eine ist die Information, das zweite die Konsultation. Das dritte Recht, das wir in Österreich und in anderen Systemen kennen, fehlt: die Partizipation, also die Mitbestimmung. Und das ist die fehlende dritte gestaltende Säule, die dem Euro-Betriebsrat noch nicht gegeben ist. Es muss ein Ziel der Gewerkschaften sein, auch das durchzusetzen. Man kann aber nicht sagen, dass der Euro-Betriebsrat wegen dieser fehlenden Kompetenz auf ewig schwach bleiben wird oder seine Funktion als transnationale Interessenvertretung nicht ausführen kann. Trotz dieser jungen Geschichte von fünf Jahren, die der Euro-Betriebsrat hat, gibt es einige positive Erfahrungen, die Wegweiser für die Zukunft darstellen.

Es gibt Länder, da kann man noch keine Auswirkungen erkennen. Das sind solche Länder, die eher an der Peripherie sind, wie Portugal oder Griechenland. Das hat einfach auch den Grund, dass diese Länder kaum Stammländer von europaweit tätigen Konzernen sind, sodass hier scheinbar kein Handlungsbedarf vorhanden war. Dann gibt es Länder mit äußerst geringen Auswirkungen durch die Institution Euro-Betriebsrat, und dazu zählen Österreich, Schweden und auch Deutschland, also jene Länder, die eigentlich seit jeher eine gut ausgebaute Mitbestimmungskultur haben. In diesen Ländern ist der Euro-Betriebsrat zwar eine willkommene Erweiterung der Mitbestimmungsmöglichkeiten, wird aber auch ein wenig als Bedrohung gesehen, weil auf nationaler Ebene das Mitbestimmungssystem mit weit reichenden Rechten ausgestattet ist. Wenn der (niedrigere) Euro-Betriebsrat zum Standard würde und die nationale Mitbestimmung angepasst werden müsste, dann hieße das eindeutig, Rechte zu verlieren oder abgeben zu müssen. Das ist auch der Grund, warum der Euro-Betriebsrat in Ländern wie Österreich, Deutschland und Schweden noch eine relativ geringe Rolle spielt.

Aber jetzt kommen wir zu jenen Ländern, wo erkennbare Impulse oder Veränderungen bereits jetzt festzustellen sind. Das sind umgekehrt gerade jene Länder, in denen die Mitbestimmung traditionell relativ schwach ausgebaut war, und die sich durch den Euro-Betriebsrat entweder eine Veränderung erwarten können oder bereits einen Nutzen daraus ziehen konnten. Das sind Länder wie Belgien oder Spanien, wo es überbetriebliche oder Konzern- bzw. Unternehmensaktivitäten oder Vertretungsstrukturen bisher nicht gegeben hat und die dieses neue Instrument sehr willkommen aufnehmen und aktiv werden.

Und dann gibt es als vierte und eher kleine Gruppe diejenigen Länder, wo tatsächlich substanzielle Auswirkungen feststellbar sind, wo nämlich der Begriff Betriebsrat gar nicht übersetzbar ist, wie z. B.

Großbritannien und Irland, wo man in beiden Ländern diese neue Richtlinie des Euro-Betriebsrats sehr willkommen aufgenommen hat, weil man sich hier tatsächlich auch eine Stärkung der Rechte erwartet.

Und das führt mich zur vierten und letzten kurzen These: Was kann sich in Europa für die nationalen und für die europäischen Beziehungen im Sinne der Arbeitnehmer ändern? Hier meine ich, dass der Euro-Betriebsrat bereits eine sehr wichtige Rolle hat und eine noch stärkere erhalten kann. Ich möchte das in drei kurzen Punkten erläutern: Wir erleben allein dadurch, dass es einen Euro-Betriebsrat gibt und eigene Sekretäre dafür eingesetzt werden, sich dieser Institution zuzuwenden und sich darum zu kümmern, dass das europäische Interesse einen gewaltigen Aufschwung genommen hat. Man könnte fast sagen, es entsteht so etwas wie eine europäische Mentalität, was nicht heißt, dass die Spanier und die Österreicher plötzlich gleich zu denken beginnen.

Aber wir können sehen, dass die einen sich für die anderen interessieren, weil sie in diesem Gremium Euro-Betriebsrat zusammenkommen. Auch wenn die Sprachhürde enorm groß ist und das gegenseitige Verständnis noch zu schwach ausgebildet ist. So wird etwa gesagt: „Wie kann man nur so ein Vertretungsmodell wie die Spanier haben, die das mit ihren Comisiones Obreras machen und wir doch den Betriebsrat haben? Das passt doch nicht zusammen.“ Aber allein das Erstaunen über die unterschiedlichen Strukturen ist ja bereits der Beginn eines Bewusstseinsbildungsprozesses, der der Gewerkschaft bislang ganz massiv gefehlt hat.

Vor 25 Jahren hatten wir diese Idee von Charles Levinson, dem Chemiearbeiterchef für die ganze Welt, der gemeint hatte, die Lösung wäre, mit den Weltkonzernen zu reden. Dieses Vorhaben ist zwar nicht völlig gescheitert, aber es hat eigentlich keine Wirkung entfaltet und ist heute eigentlich kein Thema mehr. Der Euro-Betriebsrat hat eine ganz andere Qualität und Bedeutung auch für diejenigen, die betroffen sind. Und er zeigt eben bereits erste Ergebnisse. Es gibt bereits eine doch einigermaßen dichte Liste von Fallbeschreibungen, wo der Euro-Betriebsrat durchaus bereits Wirkung gezeigt hat. Es entstehen allein durch diese Institution Euro-Betriebsrat nun mehr oder weniger dicht geknüpfte Netzwerke von Interessenvertretern aus den verschiedenen Ländern, wo man das gemeinsame Handeln vielleicht nicht sofort praktizieren und tatsächlich umsetzen kann, aber man kann es diskutieren. Man kann sich das wie einen Katalysator vorstellen, der eine Änderung zum Positiven bringt, ohne sich selbst zu verändern oder abzunutzen.

Der Euro-Betriebsrat hat eine wichtige Funktion, wenn man ihn nicht von anderen Entwicklungen isoliert sieht, die europaweit stattfinden. Mit diesem Gremium alleine würde man mit Sicherheit die Mitbestimmung oder die gewerkschaftliche Vertretung nicht unbedingt fördern. Doch durch die Synergien mit anderen Entwicklungen ergeben sich große Vorteile. Hier gibt es zum einen den sozialen Dialog auf europäischer Ebene, wo eben auch die Fachgewerkschaften inzwischen beteiligt sind. Diese Verhandlungskonstruktion hätte man vor zehn oder 15 Jahren für absolute Utopie gehalten. Die Gewerkschaft muss ihre Strukturen jetzt grenzüberschreitend ausdehnen. Damit wird die Perspektive des europäischen Kollektivvertrags, der ebenfalls vor zehn Jahren kein Thema gewesen ist, nun zumindest diskutierbar. In diesem Zusammenhang glaube ich, auch wenn die Handlungsbedingungen im Betrieb und in den Unternehmen viel schwieriger und unübersichtlicher geworden sind, auch wenn man für die Löhne oder andere Regelungsbereiche nur eine innerbetriebliche Nachverhandlung kennt, trotzdem die Interessenvertretungen gar nicht so schlecht dastehen. Bis jetzt ist es gelungen, die nationalen Standards zu heben und sie zur Messlatte für das zu machen, was europaweit diskutiert werden sollte. Damit konnte auch verhindern werden, dass sich ein Social Dumping durchsetzen konnte.

Diskussion

Bögner: Ich denke, dass Betriebsräte eigentlich keine andere Arbeitssituation vorfinden, als sie sie auch vor 30 oder 40 Jahren vorgefunden haben, auch wenn die Arbeit schwieriger geworden ist. Die Methoden, die wir gehört haben, sind trickreicher, aber ebenso durchschaubar und erlernbar, wie sie vor 30 Jahren oder zu Fords Zeiten waren.

Natürlich ist es immer noch eine schwierige Aufgabe, Betriebsrat zu sein. Ich glaube aber, keiner von den hier Anwesenden ist unfreiwillig Betriebsrat geworden und dann auch noch geblieben. Was mir ein bisschen fehlt, ist, dass Wissenschaft und Realität nicht eng genug zusammen arbeiten. Ich habe nicht den Eindruck, dass der Europäische Betriebsrat oder das Europäische Forum, wie es genannt wird, eine Schwächung der Arbeitnehmervertretung ist. Es hängt immer von den Personen ab, die Positionen besetzen, und nicht wie stark oder wie schwach die Institution in ihrer Funktionalität ist.

Mitbestimmung muss man auch in Europa nicht neu definieren und fixieren. Das ist ein Recht, das ich mir als Individuum, als Betriebsrat, als Gewerkschaft, als Bürger eines Staates einfach hole – in unterschiedlichen Zeiten und Phasen. Schwieriger wird es tatsächlich, wenn ich jetzt mit anderen Denkmustern und anderen Kulturen konfrontiert werde. Denn da ist mein Verständnis von Mitbestimmung wahrscheinlich ein ganz anderes als das meiner Kollegen in Portugal oder Griechenland. Da komme ich mir manchmal wirklich schwach vor, weil ich die Leute noch nicht verstehe und damit vielleicht die Chance unserer Stärken nicht erkennen kann, die wir einfach durch dieses Multikulturelle haben.

Wenn ich da an die Schulungen oder die politische Bildung der Gewerkschaften denke, dann wird das in Europa sehr unterschiedlich gehandhabt. Auch die mangelnde politische Bildung der Gewerkschaften oder das Zurückziehen von manchen Betriebsräten auf das Zusammenspiel von Gewerkschaft und Betriebsrat, denke ich, liegt an einem passiven Agieren auf beiden Seiten. Ich mache es mir nicht so einfach und sage, die Gewerkschaften hätten zu wenig Angebote, denn letztlich bin auch ich die Gewerkschaft, und es liegt auch an mir, die Angebote einzuholen.

Was mir gut gefallen hat, ist, dass die Transportarbeiter insgesamt in großen Dimensionen denken und akzeptieren, dass ein Veränderungsprozess vor sich geht. Sie lamentieren nicht einfach, dass alles so schlecht geworden ist, sondern nehmen die Herausforderungen der Zeit an.

Persönlich gefreut habe ich mich, dass es im Metallarbeiterbereich offensichtlich sehr wichtig ist, europäische Gewerkschaftsarbeit zu machen, ohne gleich die nationalen Zugehörigkeiten aufgeben zu müssen. Und was ich aus meiner Erfahrung sagen kann: In unserem Gremium ist das Europäische Forum eigentlich eine Hilfe, die Latte für alle in Europa vertretenen Arbeitnehmer auf den höchstmöglichen Standard in Europa anzuheben. Wir sollten auch auf das Lobbying nicht vergessen und unsere Anliegen viel stärker nach Europa tragen, damit auch die Arbeitgeberseite die Probleme leichter erkennen kann. Vielleicht würden auch Arbeitgeber begreifen, dass Arbeitnehmer ein nicht unwesentlicher Machtfaktor in einem Unternehmen sind. Wenn sie nämlich erkannt haben, dass sie gemeinsam agieren können.

Zöhrer: Für mich ist es ganz wichtig, noch einmal auf die Institution des Europäischen Betriebsrates einzugehen. Überall dort, wo er funktioniert, wo die beteiligten Arbeitnehmervertreter den Sinn selbst erkannt haben, sind sie sehr weit gekommen. Nämlich den Sinn, dass man zunächst einmal mit den Kolleginnen und Kollegen aus den anderen Ländern zusammenkommt, über die Fragen, Interessen, Probleme und dergleichen redet. Auch wenn man sie oft nicht versteht. Man muss nicht immer gleich alles verstehen, was ein britischer oder portugiesischer Kollege erzählt, weil ich die Details nicht kenne und weil ich nicht in diesem System lebe. Aber man wird im Laufe der Zeit zu einer gemeinsamen Ausdrucksweise – Sprache wahrscheinlich nicht – aber Ausdrucksweise kommen, wo man zumindest versteht, worum es geht. Und wenn das letzten Endes dazu führt, dass alle den Willen entwickeln, im Unternehmen oder Konzern insgesamt die Situation für alle zu verbessern, dann macht es Sinn. Das ist so der kleinste gemeinsame Nenner. Und das ist im Prinzip das, was die Richtlinie zum Europäischen Betriebsrat bestimmt.

Es stimmt, dass die Institution des Euro-Betriebsrats in den Gewerkschaften zu einer Revolution in den Strukturen geführt hat. Dazu ein Beispiel: Wir haben bei uns im Europäischen Metallgewerkschaftsbund eine kleine Arbeitsgruppe gegründet. Aus jedem Land sitzt dort ein Vertreter, der die Agenden des Euro-Betriebsrats koordiniert, damit wir feste Ansprechpartner haben. Wenn wir jetzt irgendwo einen Europäischen Betriebsrat gründen und wir um Rat gefragt werden, ist es wenig sinnvoll, wenn ich an unzählige Gewerkschaften ständig Briefe aussenden muss, sondern es sollte einen Zuständigen für jedes Land geben. Die Einigung auf eine Person war nicht immer einfach.

Es hat gerade in den Gewerkschaftsstrukturen über den Europäischen Betriebsrat sehr viele Veränderungen und Diskussionen gegeben. Und genau hier liegt das Problem, das Gewerkschaften mit den derzeitigen Formen von Europäischen Betriebsräten haben. Der Bezug zwischen Betriebsrat und Gewerkschaft ist in Österreich nirgends gesetzlich verankert, aber dennoch selbstverständlich. Mich hat diese Aussage von Kollegin Bögner gefreut. „Ich als Betriebsrat bin die Gewerkschaft, wir als Gewerkschaft sind die Partner des Betriebsrates." Das ist überhaupt keine Frage, das ist eins in Österreich. In Deutschland ist das System vielleicht stärker getrennt, weil es daneben noch die gewerkschaftlichen Vertrauensleute im Betrieb gibt, aber dennoch herrscht auch in Deutschland überwiegend dieses Selbstverständnis. Betriebsrat und Gewerkschaft gehören zusammen!

Das ist natürlich eine Beziehung, die dort nicht existiert, wo es das Instrument des Betriebsrats nicht gibt. Und da sind wir beim Europäischen Betriebsrat, der diese formelle Trennung ebenfalls kennt und der vielleicht auch durch ein Versäumnis der Gewerkschaften selbst, aber natürlich auch durch die Reaktion der Unternehmen sehr schnell die Eigeninitiative ergriffen hat. Denn viele Unternehmen haben versucht, bevor die Richtlinie in Kraft getreten ist, Systeme zu entwickeln und zu erfinden. Hier gäbe es viele Geschichten, wie Europäische Betriebsräte zu Stande gekommen sind, die man erzählen könnte. Alle zielten in erster Linie darauf ab, die Gewerkschaften von den Europäischen Betriebsräten fern zu halten. Man wollte mit dem Instrument des Europäischen Betriebsrats etwas schaffen, was nur mit dem Betrieb oder dem Unternehmen selbst zu tun hat und wo die Gewerkschaften keine Verbindung haben. Das beginnt damit, dass man sagte, man müsse jedes Mal einen neuen Vertreter wählen, der nicht von den Gewerkschaften entsandt wird. Manche Unternehmen haben in Ländern, wo es das Instrument des Betriebsrats nicht gibt, eigene Wahlen erfunden und gesagt, jetzt machen wir uns selbst so einen Vertreter. Ich denke, dass es klar ist, dass dadurch viele Gewerkschaften dem Instrument des Europäischen Betriebsrats skeptisch gegenüberstehen.

Wenn wir heute sagen, wir diskutieren über eine Ausweitung der Rechte, dann wird die Situation schwieriger. Denn alles, was über Information und Anhörung hinausgeht, geht in vielen Ländern – auch in Österreich – sehr tief in die Frage hinein, was ein Europäischer Betriebsrat tun dürfen soll. Darf er verhandeln und darf er eine europäische Vereinbarung abschließen, wo doch Gewerkschaften nur Kollektivverträge und Tarifverträge abschließen dürfen? Das ist die Dimension in der Mitbestimmungsdiskussion in Europa, wo es hingehen muss. Gewerkschaften müssen sich mehr zu Wort melden und sich in die Institution des Europäischen Betriebsrats hineinreklamieren. Wir als Gewerkschaft müssen in diesen Europäischen Betriebsräten eine wichtigere Rolle spielen als heute.

Haberzettl: Ich glaube, dass es unbedingt notwendig ist, dass wir uns permanent auf nationaler Ebene weiterbilden und weiterentwickeln, um europäisch erfolgreich zu sein. Wenn wir das nicht tun, werden wir automatisch auf europäischer Ebene versagen.

Karlhofer: Eine kurze Antwort auf Kollegin Bögner: Ich widerspreche dem, dass die Handlungsbedingungen für den Betriebsrat sich nicht geändert haben. Und zwar nicht so sehr, weil er schwächer geworden ist, sondern weil tatsächlich eine andere Situation für betriebliche Interessenvertretung heute festzustellen ist, als wir sie vor Jahrzehnten noch hatten. Und das gilt eigentlich auch für die Gewerkschaft. Früher waren wir einen grundlegenden Interessenswiderspruch zwischen Arbeitnehmern und Arbeitgebern gewohnt. Darauf basiert eigentlich unser Arbeitsverfassungsgesetz und darauf basieren in der Regel eigentlich auch die Systeme in anderen Ländern. Dieser Gegensatz musste reguliert werden, damit es nicht zu Konflikten kommt, wie wir sie aus der Vergangenheit kennen. Und hier spielte der Betriebsrat eine ganz große Rolle. Es geht sehr wohl um Verteilung und Verteilungsprozesse, die im Betrieb ausgetragen werden. Das war sozusagen die Friedensformel, die in der Nachkriegszeit gefunden wurde.

Heute geht man davon aus, dass man eher von einer neuen Friedensformel spricht, aus dem Grund, weil zumindest bei den großen Unternehmen der Entstehungsort von Entscheidungen im Unternehmen und der Wirkungsort von Entscheidungen nicht mehr identisch sind und beide Orte eigentlich außerhalb der Kontrolle aller Akteure liegen. Und daher diese neue Friedensformel, die sich eigentlich am Standortwettbewerb orientiert. Man bildet so eine Art Produktivitätsgemeinschaft, wo der Betriebsrat unweigerlich in eine andere Rolle hineingedrängt wird, ob er will oder nicht. Das heißt nicht, das er jetzt nur das Wort des Managements redet.

Vor zwanzig Jahren hatten wir Vollbeschäftigung und dadurch andere Handlungsbedingungen. Heute eben nicht, und das macht die Handlungsmöglichkeiten eines Betriebsrats doch ganz grundlegend anders. Auch wenn sich das von Unternehmen zu Unternehmen anders äußert.

Bögner: Ich habe nicht gesagt, dass es sich nicht ändert, ich habe nur gesagt, Betriebsratsarbeit war immer schwierig in der Zeit, in der gearbeitet wurde. Dieses Faktum ändert sich in der Arbeitnehmervertretung nie. Es ergeben sich immer wieder andere Handlungsrahmen und Felder, denen ich mich als Arbeitnehmervertreter einfach stellen muss. Und das war vor zwanzig Jahren eben die Auseinandersetzung im Betrieb und ist heute eben etwas verlagert. Und morgen kann das wieder anders sein. Aber das ist das grundlegende

Arbeitsfeld des Betriebsrats. Das wollte ich damit zum Ausdruck bringen.

Greif: Es obliegt mir nun, das Symposium abzuschließen. Die Diskussionen, die nun eineinhalb Tage geführt wurden, sind der beste Beweis dafür, dass weder die nationale noch die europäische Debatte über die Zukunft der Mitbestimmung und über die Handlungsoptionen der Gewerkschaft und der Betriebsräte zu Ende sein darf. Wir wollten mit diesem Symposium eine Diskussion in Gang setzen, die viel zu wenig geführt wird, einen echten Diskurs über die Rolle von Gewerkschaften, über die Rolle von Mitbestimmung, aber auch über die Demokratiequalität von Mitbestimmung in Europa.

Jemand hat in diesem Seminar so wunderbar formuliert, dass die institutionalisierte Mitsprache von Arbeitnehmern und Gewerkschaften eine zivilisatorische Errungenschaft ist. Und genau diese Errungenschaft darf man sich in einem gemeinsamen Europa nicht wegnehmen lassen, das gilt es zu erhalten.

Und ich sage nun selbstbewusst als Gewerkschafter: Niemand anderer als wir Gewerkschafter sind dafür verantwortlich, dass die Mitbestimmung erhalten und ausgebaut und zudem den jeweils neuen Gegebenheiten angepasst wird.

Vor zehn Jahren hat noch niemand über ein europäisches Sozialmodell gesprochen. Hier auf dem Podium wurde es diskutiert und die Grundgedanken für ein europäisches Mitbestimmungsmodell, wie sie im Rahmen der europäischen Gewerkschaftsbewegung entwickelt werden, dargelegt. Ich hoffe, es wird noch mehr darüber diskutiert werden, auch auf europäischer Ebene.

Ich glaube, dass Mitbestimmung zum europäischen Sozialmodell absolut dazugehört. In diesem Sinne danke ich allen, die bei dieser Diskussion hier im Karl-Weigl-Bildungshaus der AK-Wien beteiligt waren. Ich danke aber nicht nur denjenigen, die bei der inhaltlichen Diskussion, bei der Vorbereitung und an der Artikulation der Beiträgen beteiligt waren, sondern auch all jenen Kolleginnen und Kollegen, die seitens der Veranstalter von ÖGB und AK im Hintergrund gewerkt haben und uns organisatorisch unterstützt haben.

Glück auf!

ReferentInnen und DiskussionsteilnehmerInnen

Bögner Johanna
49 Jahre, Chemielaborantin, Betriebsratsvorsitzende in Wien bei Boehringer Ingelheim Austria GmbH, Vorsitzende des Europäischen Forums von Boehringer Ingelheim, Vorsitzende der Fachgruppe der Pharmazeutischen Industrie in der GPA; Dr.-Boehringer-Gasse 5–11, A-1121 Wien, Tel.: 01/80105 DW 2204, E-Mail: johanna.boegner@vie.boehringer-ingelheim.com

Brandhuber Jutta
34 Jahre, Absolventin der Sozialakademie, Landessekretärin der GPA-Kärnten; Bahnhofstraße 44/4, A-9020 Klagenfurt, Tel.: 0463/5870 DW 381, E-Mail: jutta.brandhuber@gpa.at

Brock Adolf
57 Jahre, Gewerkschafter, Betriebsratsvorsitzender, Arbeitsbildner, Hochschuldozent a. D. an der Akademie für Arbeit und Politik an der Universität Bremen; Universität Bremen, Zum Wittehage 21, D-27870 Ottersberg-Fischerhude, Tel.: +49/421/2181 DW 3295

Cerny Josef, Dr.
59 Jahre, Jurist, diverse Weiterbildungsgänge im Bereich Management, Sprachen, EDV, Direktor der Kammer für Arbeiter und Angestellte für Wien und der Bundesarbeitskammer, Honorarprofessor am Institut für Arbeitsrecht und Sozialrecht der Universität Salzburg, Schriftleitung der Zeitschrift „Das Recht der Arbeit“, Vorsitzender des Redaktionskomitees der Zeitschrift „Arbeit und Wirtschaft“, Mitglied diverser Kommissionen im Bereich Arbeits- und Sozialrecht, Verfassung, Grundrechte; Kammer für Arbeiter und Angestellte für Wien, Prinz-Eugen-Straße 20–22, A-1040 Wien, Tel.: 01/50165 DW 2216, E-Mail: Josef.CERNY@akwien.or.at

Flecker Jörg, Mag. Dr.
40 Jahre, Studium der Handelswissenschaft und der Soziologie, Postgraduate-Ausbildung am Institut für Höhere Studien, 1986–1990 wissenschaftlicher Angestellter am IHS mit dem Schwerpunkt Ar-

beits- und Industriesoziologie, Visiting Lecturer und Research Fellow am Lancashire Polytechnic in Großbritannien 1991, seit 1991 Lehrbeauftragter der Wirtschaftsuniversität Wien, Arbeitsschwerpunkte: International vergleichende Organisationsforschung, Arbeitsbeziehungen, Informationstechnik und Arbeit; FORBA, Aspernbrückengasse 4/5, A-1020 Wien, Tel.: 01/2124700 DW 72, E-Mail: flecker@forba.at

Greif Wolfgang, Mag.
38 Jahre, Studium der Geschichte und Politikwissenschaft, Sekretär im ÖGB-Bildungsreferat, derzeitiger Tätigkeitsbereich: Funktionäreaus- und -weiterbildung sowie Koordination der Euro-Betriebsratsarbeit im ÖGB; Hohenstaufengasse10–12, A-1013 Wien, Tel.: 01/53444 DW 441, E-Mail: wolfgang.greif@oegb.or.at

Haberzettl Wilhelm
45 Jahre, Fahrdienstleiter, Vorsitzender der Gewerkschaft der Eisenbahner Österreichs, Präsident der Europäischen Transportarbeiter-Föderation (ETF); Margaretenstraße 166, A-1050 Wien, Tel.: 01/54641 DW 500, E-Mail: vorsitzender@gde.oegb.or.at

Karlhofer Ferdinand, Dr. Univ.-Prof.
45 Jahre, Studium der Politikwissenschaft und Germanistik, Institut für Politikwissenschaft; Universität Innsbruck, A-6020 Innsbruck, Universitätsstraße 15, Tel.: 0512/507 DW 7056, E-Mail: ferdinand.karlhofer@uibk.ac.at

Lackinger Franz-Josef, Mag.
35 Jahre, Historiker, Bundes-Bildungssekretär des ÖGB; Hohenstaufengasse 10–12, A-1013 Wien, Tel.: 01/53444 DW 447, E-Mail: franz.lackinger@oegb.or.at

Leitgeber Michael
39 Jahre, Einzelhandelskaufmann, vertreten im ÖGB-Bezirksausschuss Mödling, Vorsitzender des Angestelltenbetriebsrates der Firma COSMOS mit Köck Service; Wiener Straße 131–133, A-2345 Brunn am Gebirge, Tel.: 02236/3900 DW 348, E-Mail: m.leitgeber@cosmos.at

Peters Klaus, Dr.

52 Jahre, Promotion im Fach Philosophie, selbständige Lehre und Forschung am Philosophischen Institut der Universität Marburg; freiberuflicher Berater von Betriebsräten und Gewerkschaften; Hugo-Preuß-Straße 1, D-41236 Mönchengladbach, Tel.: +49/2166/623768, E-Mail: klapet@t-online.de

Pilz Sigrid, Dr.

41 Jahre, Studium der Erziehungswissenschaften und der Psychologie; mehrjährige Tätigkeit in der offenen Jugendarbeit, leitende Beamtin im Bundesministerium für soziale Sicherheit und Generationen, Universitätslektorin, Kommunikationstrainerin und Moderatorin für sozialpolitische Themen; Bundesministerium für Soziale Sicherheit und Generationen, Franz-Josefs-Kai 51, A-1013 Wien, Tel.: 53475 DW 276, E-Mail: sigrid.pilz@bmu.gv.at

Schindler René, Dr.

46 Jahre, Jurist, 1 Jahr Postgraduate-Ausbildung in Politologie am Institut für Höhere Studien in Wien, Leiter der Rechtsabteilung der Gewerkschaft Metall-Bergbau-Energie, unterrichtet Arbeitsrecht an der Sozialakademie der BAK; Gewerkschaft Metall-Bergbau-Energie, Plösslgasse 15, A-1041 Wien, Tel.: 01/50146 DW 283, E-Mail: rene.schindler@gmbe.oegb.or.at

Siwiec Gerhard

53 Jahre, Technische Fachschule, Stahl- und Konstruktionsbau, Umwelt- und Abfallbeauftragter, Sicherheitstechniker, Betriebsratsvorsitzender der Firma Fruchtunion; Bubergasse 2a/10/7, A-1210 Wien, Tel.: 0664/5421205, E-Mail: a9505209@unet.univie.ac.at

Steindler Franz

45 Jahre, Buch- und Offsetdrucker, Bezirkssekretär des ÖGB; Dr.-Hanns-Schürff-Gasse 14, A-2340 Mödling, Tel.: 02236/48598, E-Mail: franz.steindler@oegb.or.at

Steinmetz Toni

36 Jahre, Modelltischler, seit 1991 Sekretär bei der Gewerkschaft MBE, in der Landesleitung Oberösterreich der Gewerkschaft Metall-Textil für die Bezirksleitung Mühlviertel zuständig, Bildungssekretär; Weingartshofstraße 2, A-4020 Linz, Tel.: 0732/653347 DW 74, E-Mail: Toni_Steinmetz@gmbe.oegb.or.at

Tumpel Herbert, Mag.

52 Jahre, Studium der Nationalökonomie, Präsident der AK Wien und der Bundesarbeitskammer; Prinz-Eugen-Straße 20–22, A-1040 Wien, Tel.: 01/50165 DW 2215; E-Mail: mailbox@akwien.or.at

Zöhrer Gustav

38 Jahre, Nachrichtenelektroniker, Sozialakademie, Mitglied im Wirtschafts- und Sozialausschuss, Sekretär der Gewerkschaft Metall-Bergbau-Energie, Plösslgasse 15, A-1041 Wien, Tel.: 01/50146 DW 218, E-Mail: gustav.zoehrer@gmbe.oegb.or.at

Weiterführende Literatur

Cerny, Josef (Hg.): Arbeitsverfassungsrecht (4 Bände), Wien 1999/2000

Conert, Hans-Georg: Vom Handelskapital zur Globalisierung. Entwicklung und Kritik der kapitalistischen Ökonomie, Münster 1999.

EMCF: Start für europäische Betriebsräte. Checkliste als Verhandlungs- und Praxishilfe zum Inhalt von EBR-Vereinbarungen

GPA (Hg.): Stillgelegt. Weichenstellung für den Arbeitsmarkt im Jahr 2000, Wien 1997

Greif, Wolfgang u. a. (Hg.): Alternativen zum Neoliberalismus, Wien 1999

Greif, Wolfgang/ Eichbauer, Christian: Der Europäische Betriebsrat, Wien 1999

Grundlagen der Führung, 8. Auflage, Heidelberg 1994

Flecker, Jörg: Jenseits der Sachzwanglogik, Berlin 1997

Gstöttner-Hofer, Gerhard/Greif, Wolfgang/Kaiser, Erwin/Deutschbauer, Petra (Hg.): Mobilisierung und Kampagnenfähigkeit, 2. Auflage, Wien 2000

Gstöttner-Hofer, Gerhard/Kaiser, Erwin/Wall-Strasser, Sepp/Greif, Wolfgang (Hg.): Was ist morgen noch normal? Gewerkschaften und atypische Arbeitsverhältnisse, Wien 1997

Hofer, Konrad: Arbeit ohne Schutz. Eine Analyse am Beispiel atypischer Beschäftigungsverhältnisse, Wien 2000

Karlhofer, Ferdinand/Bischof, Günther/Pelinka, Anton: The Vranitzky Era in Austria, New Brunswick 1999

Karlhofer, Ferdinand/Tálos, Emmerich (Hg.): Zukunft der Sozialpartnerschaft, Wien 1999

Karlhofer, Ferdinand/Tálos, Emmerich: Sozialpartnerschaft und EU, Wien 1996

Klenner, Fritz/Pellar, Brigitte: Die österreichische Gewerkschaftsbewegung. Von den Anfängen bis 1999, Wien 1999

Kotthoff, H./Reindl, J.: Die soziale Welt kleiner Betriebe – Wirtschaften, Arbeiten und Leben im mittelständischen Industriebetrieb, Göttingen 1990

Kotthoff, H.: Betriebsräte und Bürgerstatus – Wandel und Kontinuität betrieblicher Mitbestimmung, München 1994

Limmer, Hans: Die deutsche Gewerkschaftsbewegung, München 1996

Löschnigg, Günther/Schwarz, Walter: Arbeitsrecht, 8. Auflage, Wien 2000

Marc C./Ott, Diebold: Der Business Enforcement Manager, Frankfurt/New York 1997

Negt, Oskar: Die zweite Gesellschaftsreform, Göttingen 1994

Peters, Klaus, 1997: Die neue Autonomie in der Arbeit; in: DGB Bundesvorstand (Hg.): Informationen zur Angestelltenpolitik 5/97 (english version: "The New Autonomy at Work"). – Wiederabgedruckt in: Kaiser, E. et al. (Hg.) 1999: Auf zu neuen Ufern. Gewerkschaftliche Organisierungsmodelle in Österreich und Europa, Wien 1999, S. 41–62.

Peters, Klaus, 1999: „Woher weiß ich, was ich selber will? Die Abschaffung der Stempeluhr bei IBM und die Frage nach den Interessen der Arbeitnehmer"; in: IG Metall (Hg.): Peters u. a.: Meine Zeit ist mein Leben. Neue betriebspolitische Erfahrungen zur Arbeitszeit, Frankfurt 1999

Stage, Gitta/Dvorak, Johann/Jochum, Manfred: Literatur, Lektüre, Literalität. Vom Umfang mit Lesen und Schreiben, Wien 1999